林毅夫〔著〕

台灣人症頭：受虐性格的心理分析

前衛出版
AVANGUARD

李喬序

茲以十分興奮的心情，寫這篇序文。

一九八七年國內外不怕死的朋友，發起「二二八公義和平運動」，區區榮幸參與。一九九一年舉行「二二八學術研討會」，區區提出〈台灣二二八研究之片段〉乙篇，不算嚴肅的論文，衹是提出十年來探索二二八資料的心得與重要想法而已。（一九九五年呈現成果：七十四萬字的類似 Truman Capote 著《冷血》形式的《埋冤一九四七埋冤》。）在該篇蕪文中，除以「線性回歸」統計方式，首次提出統計學意義的二二八死亡人數估算外，呼請國人把二二八研究提升到 theory——「二二八學」的境地…

一九九七年「二二八事件五十週年國際學術討論會」上，區區提出論文：〈二二八在台灣人精神史的意義〉。在「二二八」之下不註「事件」「慘案」「民變」之類限制意義的詞彙，存心是：「二二八」意涵並未完全界定。

——以上贅述是因為區區心意與期盼，終於見到碩果；「二二八學」已然出現產品。興奮的原因，另外還有私心的一層：據作者指述，區區那篇引用粗淺文化心理學、精神學常識而奢談「精神史」的文字，居然給予作者

一些想像云云。這個人就是林毅夫先生，在美國開業的精神科醫師。他的書名叫做《台灣人受虐性格的心理分析》（新版書名：《台灣人症頭：受虐性格的心理分析》）。

　　國人比較熟悉的所謂「被虐」，是指一種「性異常」（sexual deviation）的「被虐待症」（masochism），在精神病患中，屬於「人格異常」，是比較個人性的疾症；整體社會的、文化的因素較低。《台灣人受虐性格的心理分析》（新版書名：《台灣人症頭：受虐性格的心理分析》）乙書，憑專業的認知，以stockholm syndrome切入，就二二八傷害，細密分析台灣人的「被殖民的」種種心理現象，誠然「斯德哥爾摩症候群」仍是微觀傾向的，但是林醫師的分析非侷限於「二二八事件」；還指出二二八時空領域之外，探索台灣人自我意識成長的歷史與困擾，檢視現實中台灣人的complex；然則這種微觀分析的技巧，實際上已然收到宏觀的「台灣人精神史」的探索層面。

　　作者以分析結果提示國人──這才是要著：**台灣人自救的最大障礙在自己！**然則本書認為：**自救與解放，主要課題乃是心靈改造──心理治療**。作者還指出如何治療。現代的精神醫學家相信：個人的行為與心理狀態，受生物學、個人心理特質、社會文化背景三者綜合影響，甚至決定。從心理分析切入，再梳理社會文化背景，是本書引人入勝處，「巨、微靡遺」，令人折服，叫人感動而有所領會。

　　台灣的被殖民史是淒苦而怪異又可怕的。淒苦是指：

自古沒有自己的國家，而被殖民如「家常便飯」，終至「不知不覺」的境地。怪異的是：殖民者母體消亡，卻攀附在被殖民者身上，且又繼續殖民（內化）。可怕的是：「殖民毒素」深埋殖民地裡，令被殖民者中毒而不自知（例證是：「泛藍」中台籍年輕精英、學界恍恍惚惚的親中反台學者——其言行，腦袋中存物）。好有一比：彰濱之地多蟲害，瓜農先施劇毒農藥於瓜田，於是西瓜根莖花葉俱帶毒，於是長出蟲豸不敢近的「毒西瓜」，殖民者所施的劇毒，台灣地不論南北，人不分智愚，「毒西瓜」纍纍，叫人觸目驚心。

「後殖民理論」提醒人，被殖民者有「健忘症」，陷入「遺忘意志」（will-to-forget），所以殖民地的智識精英要喚醒國人「抵抗遺忘」，然後重建自己的文化主體性。然而台灣陷入「毒西瓜症候群」中，知識精英也大都不能免，連「記憶」都「帶毒」或「沒有記憶」，也就是「沒有什麼好忘」！所以「後殖民理論」在台灣，除了被另有存心者歪用惡搞之外，吾人似乎也使不上力！本書從心理分析入手；希望不但「分析」意識層面的東西，也能勾探潛藏意識的存在；不但個人的，也可能觸及族群潛意識的世界，就時間而言，不但二二八的年代，還要回溯大流徙的年代，甚至天火大洪水世紀，荒古人類初成人性萌生型塑的曠古。這樣說有些「小說化」，然而今日精神醫學的精湛，應該是「都有可能」的。這是林醫師努力的讚許也是期待。林醫師把二二八研究推到真正「二二八學」上來，後來者也應引為標竿，並立志更上層樓。當然，所有

努力、所有學術，都爲了母土台灣、台灣同胞的提昇與幸福，又當然，也是朝向「爲全人類而奉獻」。

　　神，保佑　林醫師，神降福台灣，阿們！

二○○四年過年初三晨

許世模序

　　自1947年228事件台灣人第一次意識覺醒以來，台灣獨立運動最主要的問題就是台灣人意識浮沉的掙扎。起先五十年中國國民黨除了以教育及媒體來系統性的進行消滅台灣語言、文化及歷史外，並以高壓暴力的恐怖政策來強制執行這些消滅台灣人意識的政策。在五十年間，我們可以瞭解島內台灣人對討論台灣意識的恐懼感，但為甚麼當時在海外自由社會中生活的台灣人，及現在生活在民主自由體制下的台灣人，仍無清晰的台灣人意識？

　　二十幾年來從事台灣獨立建國運動時，常遇到一些人對台灣獨立運動有不合邏輯的反應。譬如說，當我們解釋台灣人如何達到自主獨立時，多數台灣人並不反對，但要贊成台灣獨立之前的第一個反應常常是：「如果我們獨立了，你要如何對待這些外省人？」好像如果沒有好好安排這些「外省人」的出路，寧可不獨立。這與美國南北戰爭時雖然北軍要解放奴隸，但許多南方的黑人奴隸卻替他們的主人抱不平的心態有所類似。

　　台灣人也似乎無法脫出中國情結的束縛，常對中國「偉大文化」有極大的憧憬，對中國及中國人有不尋常的

感情。幾年前世界杯女足冠軍決賽由美國隊與中國隊對壘（在美國比賽），當時中國已向台灣沿海發射過飛彈，在台灣海峽對岸部署飛彈威脅台灣，中國應是台灣的敵人，但令人驚奇的，許多台美人卻替中國隊加油。我們已經看見，當2008年北京奧運，中國選手得到金牌時，台灣人也跟著興奮不已的情景。

台灣人的自我定位也因為中國情結的關係而曖昧不清。當一個韓國人說：「我們都是韓國人」時，台灣人會馬上更正說：「我不是韓國人，我是台灣人！」當日本人說：「我們都是日本人」時，台灣人也會說：「我不是日本人，我是台灣人！」但若有中國人說：「我們都是中國人」時，大部分的台灣人卻都不敢對這些中國人說：「我不是中國人，我是台灣人！」

十幾年前，我讀到一篇有關「斯多哥爾摩症候群」（stockholm syndrome）的文章，談到被虐待者的心態變化，才恍然大悟許多台灣人脫不開中國情結的病理原因。「斯多哥爾摩症候群」描寫1973年發生在瑞典首都斯多哥爾摩的一件銀行搶劫案中，被擒為人質的受害者的心態變化。這四位人質被兩個歹徒禁制在銀行內與瑞典警察對立，在四天半的時間內卻變成兩個歹徒的同情者，不但譴責瑞典警察不應逮捕這兩個歹徒，而且事後又替這兩個歹徒捐錢辯護。這種被虐待者認同施虐者的病理心態，也可在被虐待的妻子中看到。被虐待者心態的形成是因為生命受威脅、一切生活所需必須依靠施虐者供給、資訊隔絕──所

有資訊由施虐者提供、行爲「正確」時可有小恩惠可得。這就是台灣人在五十年中國國民黨恐怖統治下相同的情景。

我的好友林毅夫醫師是一位精神科醫師，他對不正常的心理病症有專科醫師的專門知識，不僅能看出心理病的症狀，又能分析其病理過程，最後並提出治療的方法。林毅夫醫師並非一般的精神醫師，我十幾年來與他一起時，經常談到台灣的政治問題，我們同感台灣獨立的問題主要是台灣意識的掙扎。他常以精神科學來分析台灣人意識行爲上的不正常表現，使人佩服。幾年來，我就鼓勵他以他的專業知識撰寫一本分析台灣人不正常意識行爲的書。因爲他有專業的臨床經驗，我也要求他寫出治療的方法。我本來想要與他共同撰寫這本書，但我讀了他頭幾篇後，覺得這是非常專門的學術寫作，除了給他鼓勵及提供一些思考材料外，只有他才能完成這個獨特、有意義並有臨床實用性的大作。果然，經過幾年的「苦心」撰寫後，林毅夫醫師完成了一本超出我預想的書。當今正是「正名、制憲」運動熱潮之時，林毅夫醫師這本書可說是「台灣意識」的新憲法，是台灣人心理重建的藍圖。

於美國克里夫蘭城

自序

寫這本書的動機完全是偶然的。大概五至十年前，某日和好友許世模醫師閒談台灣國情之際，他問我台灣人的心態是否與受虐者的病態心理有關，因為精神醫學是我的專業，他便慫恿我將此寫成一篇文章。我覺得這建議很有意義，就在業餘斷斷續續地整理思路，著手寫文章，準備在美國的《台灣公論報》或《太平洋時報》發表。那知越寫越長而不能收拾，以致後來這篇難產的文章就成為我自嘲和許醫師揶揄的對象。

在另一次聚會中，許醫師再次向我提及他的見解，他認為台灣人的行為和stockholm syndrome極其相近。當我聽到他這個見解的時候，心裡感到十分矛盾；為了寫這篇文章，我一直特別留意有關受虐者心態、stockholm syndrome和後創傷症候群的相關文獻，終於獲得同樣的結論，我甚至把它當做我的「新發現」而暗自竊喜，不料許醫師幾句話就打破了我自認是「發現者」的幻想。但另一方面，我既欣喜又欽佩許醫師對於心理學擁有敏銳的直覺，想不到心臟科醫師的他卻具有精神科醫師的天份。

不僅如此，此後我更陸續讀到具有相同觀點的著作。

陳茂雄在其發表的一篇文章中，以stockholm syndrome來解釋台灣人的行為。李喬的〈「二二八」在台灣人精神史的意義〉一文，則以「後創傷症候群」的觀點來解讀台灣人的心理和行為，他認為今日台灣人的心態和行為，可追溯到台灣歷史上的創傷──「二二八事件」。

上述經驗確實打開了我的視野，沒想到有這麼多洞察力敏銳的台灣人，各自對台灣人的心理和行為進行獨立的觀察，卻不約而同地獲得相同的結論。因此，我捨棄原本要替台灣開「處方箋」的心態，改用「描寫」的方式進行寫作。因為，不僅台灣的心理病態與一般受虐心理、stockholm syndrome或後創傷症候群相近，連目前台灣正蓬勃進行中的自救運動，也與這些病症的治癒過程極其相近。

從開始嘗試寫一篇文章到完成了這本書，已過了許多年的時間。其間，我不斷地以最新的時事來修改內容，以闡釋本書的論點，但台灣政情變動很快，令人有追不上的感覺，幸好時事的時間性對本書的論點並無大幅度的影響。

由於開業，早出晚歸，少有時間寫作，再加上我自己本身又不是專業作家，因此下筆格外吃力。為了尋找寫作時間而忽略了許多本是份內的家庭雜務，幸好內人默默地一手包辦。而後父親來美定居，加入了整理庭院的陣營，更減輕我的負擔，在此要向他們表示萬分謝意。

我特別要向李錦容女士、莊秋雄博士和林健一先生表

達謝意，他們花費了許多時間細心地閱讀我的手稿，糾正當中的文句並給予建議；此外，我參考了張信重博士、劉麗珍博士、林健次先生、林邦夫先生和內人等的感想和評語，對內容加以修改，終於促成此書的問世。

最後希望讀者發現本書的意義，並幫助台灣人的心理重建。

林毅夫

目錄

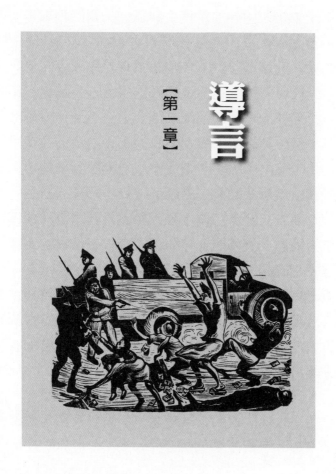

導言

【第一章】

　　台灣接受國民黨政權統治55年之後，透過剛贏得的民主政治，李登輝總統將政權和平轉移到本土的民進黨手中，幾十年來海內外追求民主與獨立的奮鬥總算告一個段落。可是，從此到台灣真正的獨立──生理（政體）上和精神上的獨立──可還有一段艱辛的路程。

　　台灣的民主鬥士在高壓的政治環境下，經過多年的犧牲和奮鬥，終於引起政治體制的重大變化。1986年他們組成了第一個台灣本土的民進黨，主張「台灣前途應由台灣全體住民決定」。隔年，國民黨政府廢除了戒嚴令。民進黨更於1991年修改黨綱，闡明「建立主權獨立自主的台灣共和國及其制定新憲法的主張，應交由台灣全島住民以公民投票方式選擇決定之」。雖然沒直言，但很明顯地，這是以建立主權獨立的「台灣共和國」為其宗旨。同年，所謂「叛亂組織」的台灣獨立建國聯盟也由海外遷回台灣，成為合法組織而公開鼓吹台灣獨立。1996年，當總統、國大代表與立法委員直接由人民選舉產生時，台灣已成為一個民主國家。因此，台灣人有機會根據民主政治的程序，選出代表自己理念的總統、縣市長和民意代表等等，然後經由這些「人民的代表」制定憲法，設計國旗、國歌與國家名字，讓一個新生國家──台灣──在全世界的注目下誕生。

　　當時以「台灣前途應由台灣全體住民決定」為黨綱的民進黨，可說是台灣人在外來政權統治下，第一個「合法」追求解放的機會窗口。因此，可以想像民進黨會受到

選民熱烈地支持而在各種選舉中得到壓倒性的勝利，並在拿到政權後，快速走向建立台灣共和國的目標，兌現台灣人多年來的夢想。然而事實卻不是如此，1996年民進黨首次推派候選人參選總統時，雖拿到21%的選票，但選民並沒給予其壓倒性的支持。不過，由於那時台灣仍籠罩在恐怖政治的陰影下，因此可將此解釋為，雖然有21%的民眾敢以投票給民進黨的方式來表達他們的政治理念，但大部份人民仍對國民黨政權相當恐懼，不知民進黨何時會遭解散，因此不敢出面公開與「台獨」的民進黨掛鉤。

此後的各種選舉，民進黨候選人當選率增加緩慢，這也可解釋為台灣人恐懼感遲遲不去的緣故。然而，當民進黨獲得的支持率上升到一個程度後，高舉獨立旗幟的候選人不見得會當選，意識形態模糊的候選人反而有當選的機會。換句話說，以國家認同為投票指標的選民似乎已達飽和點。此時呈現出一個強烈的對照現象，即除了約三分之一的選民以台灣獨立理念為投票指標外，另有約15%的選民也固定地以「認同中國」為投票指標，剩餘的40-50%台灣選民似乎沒有明確的國家認同，也沒有多大的關心。這現象不見得能以「對國民黨恐懼」的解釋簡單打發過去，然而此時在台灣瀰漫的另一個恐懼感，似乎可用來說明這個現象。

在1980年代後期到90年代，仍是國民黨政權統治的時代，它不停地利用手中的媒體向台灣人民進行恐嚇心戰，告訴台灣人民，若「台灣獨立，中國就會攻來」。當時海

外同鄉如回到台灣與親友談及台灣獨立時，就常遇到如下的冷淡反應：「一旦台灣獨立而中國攻來時，你們都可逃回國外寄居地，只會害死台灣本地的子弟。」可見「要是台灣獨立，就會遭受中國侵略」的可能性，確實徘徊纏繞於台灣人的腦中。因此可以推斷，台灣人民躊躇不前，不敢全力支持民進黨，乃因相信了國民黨政權的宣傳，被「台灣獨立＝中國攻來」的聯想嚇壞。換句話說，台灣選民把「恐懼」的對象從國民黨政權轉移到中華人民共和國身上，因而癱瘓在「被中國併吞」和「獨立後被中國攻滅」兩個結局不相上下的選擇之間。

　　如果採信了這種說法，又認為政黨應反映選民的心態，那就很有可能導致下列的思維和應變方法：「民進黨要是不刪除台獨黨綱就不能袪除選民的恐懼，不解除選民的恐懼就得不到選民的支持，也就沒有執政的機會。」果然，1998年民進黨內對「刪除台灣獨立黨綱」的爭論就浮現到檯面上，不過沒有結論。隔年1999年民進黨則通過一項〈台灣前途決議案〉，除了聲明「台灣是一主權獨立國家」之外，又說「台灣，固然依目前憲法稱為中華民國，但與中華人民共和國互不隸屬，⋯」。這決議案表達了民進黨在觀念上的大調整，但也顯示了感情和思想上的矛盾。第一，它著眼於台灣具備有國家資格的事實（國土、人民和政府），而肯定地宣佈台灣「已是」一個主權獨立的國家，換句話說，民進黨的宗旨已成事實而不必再追求了。但另一方面，「目前依憲法為中華民國」這一詞，卻

不過是以正面「肯定」的言詞敘述一個不得不接受的「現狀」，是「沒有台獨空間」觀念的務實化，它扭曲婉轉地表達至少在目前不建立台灣共和國，無疑地，它也是要安撫這些相信「台灣獨立則中國侵台」的選民的說辭。這份決議文對「建立台灣共和國」的黨綱雖撇開不提，但也沒取消，因此它也可讓三分之一的選民解釋爲民進黨仍以建立台灣共和國爲宗旨。

儘管白紙黑字地寫著「台灣是主權獨立的國家」，但這並不見得表示說者就相信自己的話。2000年總統選舉期間，立法委員沈富雄以及總統候選人陳水扁，不約而同地在公開場合說出「台灣獨立，中國就會攻台」的論調。沈富雄和陳水扁絕沒有故意說這話來嚇唬台灣人的理由，因此可推斷他們確實有「台灣獨立則中國侵台」的顧慮。在此必須指出，該項顧慮的存在無形中顯示出「以中華民國爲名，台灣主權獨立」的口號並不等於「台灣已獨立」的信念，要不然他們就沒有害怕「一旦」台灣獨立，中國就會侵台的理由。因此，這項決議案不僅反映台灣的政治實況，也顯現出台灣選民和民進黨內的矛盾心態：對台灣獨立的矛盾態度，和對中國侵略台灣的恐懼。其中亦隱含民進黨對黨魂的思索，想在「以宗旨引導選民」和「做選民心態的心鏡」兩端之間尋找適當的位置。當然也有可能這只不過是向患有恐懼症的選民表態，「保證」不爭取國家定位的迂迴說法而已。

在2001年，這矛盾的現象再次出現，民進黨的陳昭南

再次提出刪除台獨黨綱的議案，他的理由是「沒有宣佈獨立的必要」。乍聽之下是有道理的，既然台灣已是主權獨立的國家，就沒有重複宣佈獨立的必要。不過民進黨內顯然不全然同意這個看法，因為此議案最後在黨內的壓力下撤案。但有趣的是，陳氏所列舉的撤案理由是：提議「刪除獨立黨綱」是為了向中國表示「善意」，但因中國繼續武力威脅，沒回報台灣的「善意」，因此不刪除台獨黨綱（中時即時電子報）。從這聲明我們可窺視出這提案中所謂「沒有宣佈獨立必要」的主張實在有點心虛，要是真的相信台灣獨立已是事實，又怎能把已成「過去式」的獨立黨綱廢除？廢除獨立黨綱的提議，反而顯露兩個互相矛盾的意義：一方面肯定台灣已獨立的信念；另一方面卻犧牲獨立的意願，把它當做取悅惡魔的「禮物」。

類似的矛盾也出現在陳總統的就職演說之中，陳總統不只一次勉勵「台灣站起來」，以回應台灣人執政的興奮心情。但在同一演說中，他宣佈〔五不〕：不宣佈獨立、不改國號、不推動兩國論入憲、不推動統獨公投、不廢除國統綱領與國統會。誰都可看出這「五不」的保證絕不是主權獨立國家的姿態，陳總統的演講詞其實是台灣的實況報導，是台灣前途決議案的反映，儘管它號稱「主權獨立」，但卻沒有台灣真正獨立的信念，對獨立有所恐懼。

不管如何，當本土的民進黨獲得政權，按照「西瓜偎大邊」的常理，也可以想像會有大量的國民黨高官貴人和選民倒戈，投靠民進黨加入建國的陣營。但這種一廂情願

的現象並沒發生，不但不見大量國民黨員倒戈，民進黨在2001年的立委選舉雖有斬獲，但也只維持在33%的基本支持度，倒是分裂的國民黨仍維持總合48%的選票，這不是單以「對中國的恐懼」的理由就能夠解釋的。這到底又是何種心理狀態的表現呢？

關於這一點，上一屆總統選舉的結果提供了一些線索。1996年總統選舉，民進黨的總統候選人彭明敏只得到21%的選票，比民進黨的基本支持度低10%以上；無疑地，這些選票流向國民黨的李登輝，這些選民把希望寄託在他成為「台灣人摩西」的抱負上。如果以陳水扁在2000年總統選舉的實際得票率（39%）為民進黨可能得票率的最高上限，則從彭明敏流失到李登輝的得票率可高達18%。若把李登輝的實際得票率54%減去18%後，剩下的36%可說是李登輝可能得票率的底限（其餘25%的選票分佈於陳履安、林洋港兩陣營）。這36%的票數是民進黨亟欲爭取卻又不可得的選票，但被李登輝全部囊括了，這些選民顯然不在乎李登輝擁有和「台獨黨綱」類似的「摩西抱負」。因此，這些選民具有投票給國民黨的「習慣」，他們對國民黨的愚忠才是他們拒絕台灣出頭天的象徵——民進黨——的關鍵，不管民進黨有無「台獨黨綱」都吸引不到他們的票；不過他們卻很有可能跟隨國民黨籍的「摩西」——李登輝，如同當年跟隨摩西走出埃及而到達以色列的猶太人。

以上面的分析為基礎，即看出另一個心理因素的作用，也可了解為何民進黨到目前為止，仍然無法獲致絕大

多數選民的支持，又為何國民黨政權垮台後，不見大量的國民黨員倒戈。甚而，還有一些台灣人不僅替專制政權的殘黨和衍生組織效勞，更自告奮勇當急先鋒來打擊民主制度和台灣主權。有目共睹地，為了推動開放禍國的「三通」而口出穢言、侮辱蔡英文的國民黨立委是台灣人；而當宋楚瑜公開表示一旦當選總統，就要在兩年內讓台灣在「一中架構」下加入WHO，為此自告奮勇到吉隆坡參加中國防疫代表團，替宋楚瑜「一中架構」造勢的，也是親民黨的台灣人立委。此外，還有無視中國對台灣的威脅而蜂擁前往中國投資的台灣商人，「錢進中國，債留台灣」，完全不顧台灣將為此遭受危害。這與世界上許多國家熱衷投資中國的行為不同，唯有台灣人才如飛蛾撲火般地前往敵國投資或遊玩。

　　幸好，台灣的前景並不完全是灰色的。當台灣人的恐懼瀰漫、理念動搖、不斷地自我懷疑，導致自亂陣腳，其中又有人不捨地緬懷前壓迫者並自我貶抑之際，前總統李登輝挺身而出，再次倡導台灣「本土化」。在他的倡導和勉勵下，以一部分的前國民黨黨員為主，於2001年組成「台灣團結聯盟」，主張以台灣的利益為出發點。台聯於同年拿下十幾席立委，隔年八月又修正黨綱，主張以「台灣」作為國家定位的名稱，在國家定位方面，台聯支撐住搖擺的民進黨。不僅如此，像「台灣正名」這類的社會運動也如滾雪球般地成長，帶給台灣另一番新氣象。

　　如果把上述的台灣現象縮影為一個「個人現象」，它

的意義就顯得更清晰了。在這個現象中，我們看出受虐者掙脫受虐關係過程中所產生的自我懷疑和自我糟蹋；我們也看出類似Stockholm Syndrome中受難者和迫害者結盟，以之對抗解放者的現象；更有人將此台灣現象追溯到心靈創傷的特殊事件（二二八事件）。無論從那個角度來看，在在都指出目前台灣自救的最大障礙是自己；同時，它又指出自救與解放的重要課題乃是心靈的改造（心理治療）。台灣的有識之士早已利用各自的專長從事多采多姿的心靈改造工作，以增加台灣人的自我認識，盼能早日達到台灣自救的目標。本書嘗試由二二八事件說起，對台灣人的心理病態和自救工作進行詳細的描寫。

【第二章】

二二八大屠殺

——台灣人心靈的創傷

　　二二八大屠殺是近代台灣人的中國經驗中，遭受最強烈衝擊的事件。在這事件中，台灣人由於純樸、缺乏中國經驗和自誤，而付出慘痛的代價。它對台灣人的思想和行為有極大的影響，即使是對二二八事件茫然無知的台灣人，其思想和行為之中也遺留它的痕跡。二二八事件發生在1947年2月28日，是台灣人起義對抗中國暴政的一段歷史。

第一節　二二八大屠殺的起因和結果

　　1945年8月日本投降，中國的蔣介石受同盟國聯軍統帥之命佔領台灣。此時，中國對台灣人進行「台灣回歸祖國」的宣傳，台灣人也誤以為真的回到「祖國的懷抱」，而以此心態歡迎進佔的中國軍隊。雖然中國人表面上稱「台灣重回祖國的懷抱」，實質上卻將台灣視為戰利品，蔣介石派其親信陳儀擔任台灣行政長官，在他掌政下，中國人竭盡所能地搶奪台灣公產、民產，剝削台灣物資，並將之運回中國本土。同時他們對於所謂的「同胞」——台灣人，以次等國民視之，實施不平等待遇：不論能力如何，公教職缺，尤其是主管職位，均由中國人包辦；同等職位的台人職員，其待遇也低於中國人。不僅如此，中國人也帶來不同的價值觀念，台灣人在日本時代所學到的法治精神，一夜之間完全失去效用，取而代之的是以賄賂為指標、毫無法則的政體，在這樣的統治下，民不聊生，怨

聲四起。

在這種氣氛籠罩之下，台灣人的怒氣終究藉由導火線爆發了。1947年2月27日，台灣專賣局科員數人（中國人）到台北取締私菸攤販[1]，當時一寡婦林江邁倚靠賣菸維持一家生計，她一時躲避不及，香菸全盤被沒收。林婦跪地求饒，但緝私官員不僅毫無同情心，更用槍托猛擊她頭部，林婦因而受傷暈倒。看在圍觀的民眾眼中，這行徑又是一個活生生的中國政府魚肉台灣人民的見證，因而憤慨不已。緝私員傅學通等見勢不妙分頭竄逃，但群眾緊追不放。慌張的科員傅氏遂拔槍射擊群眾，市民陳文溪不幸中彈死亡。這時激怒的群眾遂赴憲兵隊、警察局要求懲罰兇手，但不得要領。隔日二月二十八日，滿腔義憤的民眾再次群集，到行政長官公署企圖進行請願活動，不料行政長官公署反而出動武裝部隊，阻止市民接近公署。當激動的民眾冒險衝過警戒線時，軍隊即以機關槍掃射，結果四名市民喪生，二名重傷。

「二二八事件」就此爆發而傳遍全島，不僅台北激憤的民眾佔領警察局、電台、憲兵隊等機關，又有人在街上毆打「阿山仔」，火燒中國官吏以民膏民脂購置的家具用品等。台灣各地民眾熱烈響應，他們取代逃走的中國警、政人員，自動組隊維持地方秩序。有的則組織武裝部隊與中國軍隊對抗，攻打機場等地，眾多鄉下青年響應「為台

1　史明，《台灣人四百年史》，CA：蓬島文化出版社，1980。

灣人奮鬥」的呼籲，自動組隊到城市支援。

不過，這時各地的士紳並沒有「為台灣人奮鬥」的想法，他們關切的焦點在「二二八事件處理委員會」上，企圖與陳儀政府談判，以求改善中國統治下台灣人的地位。在這心態下，他們把民眾「為台灣人奮鬥」的熱情引導到維持地方秩序上。豈知台灣行政長官陳儀並沒誠意與台灣人進行政治協商，他一面敷衍「二二八事件處理委員會」的代表，一面向蔣介石求救。果然，蔣介石派出的援兵一到台灣後就展開大屠殺。他們不但不分青紅皂白地在街上濫殺和搶劫，也大規模誘捕和屠殺台灣精英。當時參與談判的人士不是被殺就是逃亡，轉眼間「二二八事件處理委員會」的代表就消失無蹤，一個缺乏以實力為後盾的談判，就草草結束。另一方面，台灣人對中國的武裝對抗也遭遇到同樣的悲慘結局，起義軍和中國援軍的力量相差懸殊，又無法進行全民動員，不出十天就完全瓦解，參與人士不是戰死就是逃亡，而結束了二二八事件的武裝抵抗。

可是對中國政府來說，二二八事件並未就此結束，先有「清鄉」行動，緊接其後則是漫長的白色恐怖時代。在這段期間中，國民黨政權持續追捕二二八事件的參與者或嫌疑犯，更不時以各種構陷的罪名逮捕被釋放的參與者或嫌疑犯。台灣人受難的不計其數，許多人不是因此喪命就是被捕下獄。在白色恐怖時代，台灣人不明不白的失蹤，或因匪諜、叛亂等罪名被捕的事件層出不窮，二二八受難者或其後裔也受到長年的監視和騷擾，連就職、升遷、出

國都受到阻擾。當然，在社會、學界上談論或研究二二八事件更是禁忌，人們在恐怖氣氛中過了長達四十年左右的日子。這對受難者和一般台灣人的影響至深。

第二節　二二八事件在台灣人精神上的烙印

1997年2月22日，李喬在「二二八事件五十週年國際學術研討會」上發表〈「二二八」在台灣人精神史的意義〉一文。他指出，台灣人受了二二八事件的衝擊而患有「後二二八症候群」和「後二二八行為模式」兩類病態[2]、[3]。李喬所提出的「後二二八症候群」，顯然指的是精神科學中「後創傷症候群」（Posttraumatic Syndrome）的特殊「個案」，即受到「二二八事件」的創傷而引起的「後創傷症候群」。若欲了解他指的「後二二八行為模式」，得先了解「行為模式」的定義。根據李喬的意思，「行為模式」是「一社會中多數公認和遵守的行為做事方式」。因此，「後二二八行為模式」指的是一般台灣人遭受「二二八」事件的傷害後，所形成的普遍性行為模式。顧名思義，符合這些模式的行為會受到社會的肯定；相反的，偏離這些「模式」的行為則會受到社會大眾的負面評

2　李喬，〈「二二八」在台灣人精神史的意義（二）〉，美國，《太平洋時報》，1997年5月1日。

3　李喬，〈「二二八」在台灣人精神史的意義（三）〉，美國，《太平洋時報》，1997年5月8日。

價。如此，可輕易推想，儘管年輕一代的台灣人對二二八事件茫然無知或並未受到直接的衝擊，但只要成長在遵守這行為模式的環境下，也會受到影響而把這些行為模式納入其個人的價值系統。其結果是，在日常生活中遵照「後二二八行為模式」而不自覺。以李喬「後二二八行為模式」的概念來了解台灣人的病態行為，非常適用。

一、後二二八症候群

按精神科學的定義，所謂「後創傷症候群」或「後創傷緊張症」（Posttraumatic Stress Disorder）的患者，必定曾親身遭遇危害生命的經歷，在事件發生的當時，受難者會產生強烈的恐懼和無助感。在這定義下，二二八事件的受難者和其家屬大多合乎這條件。不過，近來精神科學界更把合乎「後創傷緊張症」診斷的第一條件擴張，認為凡是目擊或聽聞事件而產生強烈感情反應的人也可能罹患「後創傷緊張症」。因此，在這擴張的定義下，不僅二二八受難者本身，連目睹屠殺或聽聞屠殺的一般台灣民眾都具備「後創傷症候群」的第一條件。當時中國軍隊肆意進行屠殺，劇烈的恐懼和無助感瀰漫在台灣人之間，因而發生了見死不救、不敢收容祈求入屋以避風頭的過路人、連自己兒子在外呼救都不敢開門掩護的悲劇[4]。

---

4 張炎憲等，《諸羅山二二八》，台北：財團法人吳三連台灣史料基金會，1995，頁68。

受到強烈的創傷衝擊，受難者可能產生心理和行為方面的症狀：

「風聲鶴唳」和「杯弓蛇影」這兩句中國諺語，非常生動地呈現出這個心理症狀。遭受創傷而罹患「後創傷症候群」的人，會不由己地一再想到、夢到或感受到和創傷有關的影像、思想與知覺。任何與創傷有關或類似的事物、象徵或思維，都會引起患者的心驚肉跳，這種心理和生理的衝擊與事件發生當時所經驗的各種感情完全無異。

至於行為症狀如何，則可輕易猜出：

受難者會採納一些行為來避免和防止上述情感的發生，這些行為症狀可能包括：（一）避免觸及與創傷有關的思維、言論或事物；（二）迴避會勾起有關創傷記憶的場所、人物或活動；（三）對創傷失去記憶；（四）對事物感受「淡然化」，喪失參與有意義事物的興趣和感受；（五）與他人有隔閡，喪失親密感；（六）對前途的態度消極。

李喬提出的「後二二八症候群」中，第一個引人注意的症狀是受難者多年的極端「恐懼」。「東部一家兩代三人在二二八慘遭虐殺」，其第三代在事件後多年，求「妻子攜子女出國留學」以保安全。這種恐懼更在另一受難者──「東部台灣人」──身上流露無遺，此人在父被殺後走避台灣東部，多年後雖經李喬這「管道」而在電話中痛哭流涕，發洩多年積壓的痛楚，但他受到長期恐懼的束縛，並不敢和李喬面談。這兩個個案中的恐懼，到底有多少是

事件衝擊的直接後果（後創傷症候），又有多少是多年受特務跟蹤、造訪而擔心慘劇再發生的恐懼，實在無法區分。上述第二種類的恐懼並不是迴避感情的失控（典型的後創傷症狀），而是害怕身分暴露再遭受國民黨政權的迫害。他們會如此地恐懼，是因爲存在著活生生的例證，二二八事件後國民黨政權爲了逼迫被通緝者露面，因而逮捕或殺害被通緝者家屬的例子不勝枚舉。換句話說，二二八的迫害並未因二二八事件的完結而結束，事件後的迫害更增強和維持「後二二八創傷症候」。

經過上述的分析後，必須提出的問題是，對於這些受難者或家屬反應的理解，是不是能夠套用到一般台灣人身上。回答這問題非常簡單，只要經由受難者的生活經驗，就可清楚地看出一般台灣人確實具有同樣的恐懼。二二八事件發生幾年後，一般台灣人爲求自保，通常都會避免和受難者家屬有所往來，此顯示出一般台灣人的恐懼，這是由經驗得來的智慧。例如，許強醫師在施江南被捕殺後，仗義到施診所幫忙，豈知後來他也慘遭殺害；受難者王育霖的妻子回想起以前的往事說[5]：「早些年，我們在街上和熟人打招呼，他們都臉擺一邊，裝做沒看見，害怕被連累。」施珠文是嚴守崗位而被捕殺的警察，其女兒施秀金[6]回憶道：「人家會怕我們，大部分的朋友都不敢再來

---

5 張炎憲等，《台北南港二二八》，台北：財團法人吳三連台灣史料基金會，1995，頁167。

6 張炎憲等，《嘉義驛前二二八》，台北：財團法人吳三連台灣史料基金

往，連親戚都不來往。」吳鴻麒被捕殺後，其妻在路上遇到坐在人力車上的好友，她按照日本禮數向他行禮，對方卻視而不見[7]；廖繼彰醫師和二二八無關，但在1952年和受難者林連宗的女兒結婚，後來開業卻受到警察的騷擾，警察藉故調查他的執照和身世[8]；更有多位受難者家屬提及相親時，其身分也是對方婚嫁的考量因素之一，其主因是害怕被連累。可見不僅受難者掩藏身分或隱匿行蹤，一般台灣人也避免和受難者家屬有所牽連，這種恐懼是不可否認的事實。但不易區分這種恐懼到底有多少是二二八慘劇直接影響的後果，又有多少是「後二二八」國民黨政府的行為所導致的結果。

由於國民黨政府另眼看待受難者，因此也造成受難者否認其身分。受難者擔心一旦身分暴露，災難會隨之而至，所以否認身份是防範「即時」危險的自衛行為，而不見得是二二八事件的直接後果。至於那位「被鐵絲穿胛，套以麻袋集體拋海而餘生的某青年」，多年後當李喬訪問他本人時，該位受難者除了否認其身分外，更做了第二層否認。他強調二二八事件「不是」國民黨政府的罪惡，而是陳儀和共產黨的陰謀引起的。他如此地替加害者國民黨

會，1995，，頁72。

7　張炎憲等，《台北南港二二八》，台北：財團法人吳三連台灣史料基金會，1995，頁69。

8　張炎憲等，《台北南港二二八》，台北：財團法人吳三連台灣史料基金會，1995，頁188。

洗罪，把責任推給國民黨政府的背叛者（陳儀）和敵人（共產黨）。要是這位受難者相信他自己的鬼話，那他「不可冤冤相報」的這一段話更是畫蛇添足，既然責任在於死去的陳儀和國民黨勢力根本無法觸及的共產黨，那麼他並無向（好人）國民黨「冤冤相報」或「寬大為懷」的必要。「不可冤冤相報」這番話的目的在經由李喬傳達給國民黨政府，他要告訴國民黨政府：「我不是二二八受難者，二二八更不是你（國民黨）的罪惡」，「我不會怨恨你，或向你（國民黨）報仇」（對非罪魁禍首的人寬大為懷，根本是多此一舉）。然而，這些廢話其實傳達了「沒說出」但很響亮的請求──「你（國民黨政權）是好人，請你不要再（你不會再）迫害我。」與其將這種行為當作是對二二八本身的反應，不如說是對國民黨政權統治行為的恐懼反應，同時更可看出這位受難者的所謂「寬大為懷」，實際上是癱瘓、無能為力的偽裝。這「雙重否認」是一個政治宣言，間接表白他（受害者）和加害者的關係，他間接地聲明他不在意受害，他接受加害者的行為，更愛加害者（他說現在的國民黨政府愛民）。換句話說，這是虐待關係中受虐者在無奈的情形下，自我強迫的「受害者和加害者關係」的雛形。要是此受難者在二二八事件後，逃離了國民黨政權恐怖統治的台灣，他一定不至於如此用心，為他和國民黨政權的關係重新定義。我們可以看出國民黨政府在二二八事件當時和其後的行為是連貫的，受難者的反應也是連貫的，因此若要在台灣人身上區分對兩者的反應，是相當困難的。

　　李喬觀察到個人的「價值系統」如何被二二八事件摧毀。他敘述某地方領袖人士，在二二八事件的當時，阻止了當地「行動隊伍」採取對國民黨政權不利的行動，照理他應是國民黨政府獎賞的功臣，不料卻被以「領導暴動」的名義逮捕，而後僥倖從被活埋及腰的情況獲救，自此之後，此人自暴自棄，行為不檢，醜事頻傳。這是既有的「價值系統」受到二二八事件的衝擊而完全崩潰，因而訴諸原始情慾來左右其行為和人際關係的悲劇。「後創傷症候群」的患者可能會因受創傷而喪失既有信仰和價值系統，導致無節制、自毀性的行為。不過也有人在既有的「價值系統」崩潰後，採納新的「價值系統」而保有相當健康的生活，這可由不少受難者日後由傳統的道、佛教轉信基督教的現象看出。

　　受難者的「無力感」在某位嘉義籍投靠統治者的國代身上表露無遺。他受訪時，閒話一大堆，根本是風馬牛不相及，但是當李喬告辭時，卻突然向李氏鞠躬，感謝他發掘歷史的真相，並說「我這輩人已經無言」，此行為與身為國大代表、為民喉舌的身分極不相稱。但他本身的無力感，和從李喬身上獲得的代理滿足感（vicarioussatis faction）卻是很明顯的。

　　雖然李喬舉出「後二二八症候群」的實例，都是二二八的受難者或其後代，但經由他們的生活經驗，可以發現這些反應並不只侷限於他們身上，就是一般台灣人也有同樣的反應。同時又可觀察到他們的症候並不見得是單

純的「後創傷症候」，換句話說，不只是對一個單獨事件的反應而已，這些反應有一部分是事件後，國民黨政權恐怖統治所造成的。如果把恐怖政治當作二二八的延伸看待，則二二八事件是在短時間內「大劑量」的迫害，而恐怖統治則是同性質但較小劑量的持續迫害。

二、後二二八行為模式

李喬文中列舉「拒絕政治、閉戶自保的庭訓」為「後二二八行為模式」的第一項。他說：「在台灣社會有一句長輩警惕後生的『名言』：『政治好插，狗屎可食』，意思是：政治是千萬觸及不得的。」他認為這是二二八事件造成的。從口述歷史中可得知，受難者家屬在事後相當普遍地警戒、禁止家人參與政治，甚而反對家人參與投票（間接政治活動），與國民黨對抗的政治活動更是免談。這種受難者家屬中普遍的行為，很明顯地是二二八事件的直接後果。從中國佔據台灣到二二八事件發生前的這一段時間之中，許多台灣人熱衷政治，但眾所週知，在二二八事件中遭殃的，也是這些參政的台灣精英。因此，一般台灣人領會到二二八事件是個政治屠殺事件，要保命就不得參與政治；要保護子女的安全，就得勸阻他們參與政治。這是避免再次觸及創傷危險（政治）的自保行為，因此「拒絕政治、閉戶自保的庭訓」是「後二二八行為模式」，同時亦是一般台灣人「後二二八症候群」的症狀。另外，從受難者的後代身上還可觀察到一個現象：即使是對二二八

事件毫不知情的後代，當中也有許多人不觸及政治，有的更對政治沒有「興趣」。這是由模仿學習到的「後二二八行為模式」。

前述某位受害者對二二八事件加以「雙重否認」，他以「第二層否認」表白他和加害者的關係。在此進一步地問，是否一般台灣人也有類似的行為，是否也間接以無聲的方式表白他們和統治者的關係？李喬根據他敏銳的觀察力，從台灣人的公共行為中找出這個問題的答案。原來一般台灣人也會替自己塑造「和統治者關係」的模式，它與雙重否認者的模式一樣，李喬將之稱為「老二心態，不敢擔當」，他認為這是「後二二八行為模式」。他的見解是根據下列的觀察得來的：

> 自1987年「五二○農民街頭運動」以來，學生、學界參與加深，尤其台灣大學與清華大學等進步教授不分「省籍」紛紛投入。可是出現一奇異現象：在大場面，登台指揮若定的，往往是「外省籍」名教授。…

眾所皆知，「外省人」是國民黨政權的象徵，推崇「外省人」為老大，也就是無聲的表明台灣人聽命於「外省人」（和統治者關係的聲明），萬事聽命於主子。「老二」是對主子不構成威脅的聲明，也是保護自己的安全地帶。在國民黨政權下進行民權運動，以「外省人」為首，減少台灣人「自我主張」或「反叛」的形象，同時也增加其

行為的正當性（因它以外省人為首）。如此可看出這行為來自「後二二八」國民黨政權的統治方式，但不可否認的是，國民黨政權早在二二八事件中就殘忍地替它與台灣人的關係下了定義。

李喬的另一「後二二八行為模式」則是「奴隸智慧，『認罪反應』」。李喬說1979年美麗島事件後，蔣經國詢問幕僚對於該案的處理方針，在場二位台籍人士搶先發言，主張嚴辦，相形之下，「外省人宿耆則一片默然」。李喬又說：

> …據說：多年來，凡有關「省籍」重大衝突或利害議題時，「本省人」官員對於「身份立場」非常敏感，發言主張必定「大義凜然，不偏台灣」…。

李喬把這行為解釋為奴隸自救之道，「…絕對馴服，遵照主子意向，趕緊認罪——實際無罪，主子認為有罪就是一種罪」。他認為這是台灣人經二二八的火獄鍛鍊而形成的行為規範。筆者要問的是，為什麼在中國官場中，台灣官僚對「台灣人」會感受到如此沉重的心理負擔，非表態「不偏台灣」不可呢？這問題的回答倒是相當簡單，只要複習二二八的歷史就一目了然，當時那些有「台灣心」、為台灣人的利益發言，企圖與中國政府談判的人士，大部分都遭受殺害。相對的，那些不吭一聲又與中國政府合作的人則官運顯達。這個經驗的教訓很清楚，中國

政府對「台灣心」既敵視又敏感，因此台灣官僚必得表現唯有「中國心」、沒有「台灣心」，才有助於其生存和發達。其實，類似的行為在二二八事件當時的小角色身上就表現得很顯著了。蔡耀景參與二二八事件，後受追捕而被發現，當他聽令現身投降時，迫不及待開槍射擊他的就是一個台灣警察。蔡氏又觀察到在朴子對受難者施加酷刑的也是台灣警察，這些人比「外省人」表現得更積極，更有中國心。所以，再一次地看出二二八事件本身和白色恐怖對台灣人的衝擊是相同的。台灣人處處顧慮國民黨統治者的感受，輸誠地表示沒有「台灣心」，這種行為模式的影響會是多方面的。它抑制台灣人的自我認同（identity），令台灣人對自己苛刻，對加害者寬大為懷，隨時都有表明沒具「私心」或「省籍情結」的渴望。

其實，中國人在二二八事件以前，在台灣就無法無天。當時有中國經驗的台灣人就曾警告眾人，在中國「一加一，不一定等於二」，但並沒點醒台灣人，因此二二八事件時才會有那麼多「自認無罪」的地方人士不聽勸告逃避而慘遭殺害。這也才令台灣人覺悟到日本時代的法制價值系統在中國的統治下是行不通的，也才會有李喬所描寫的名律師因雜誌案隱匿澎湖兩個月，「結果免去囹圄之災」，這是另一種「後二二八行為模式」。在「後二二八症候群」中喪失「價值系統」而訴之於情慾的行為，無疑是二二八事件的直接後果，而所謂的「順風依浪，法無定著」者，雖有可能是二二八的直接後果，但也有可能是和

國民黨政府同流合污，採納其腐敗的價值系統的現象。也就是，在理論上來源不同的兩個病症，實際上很難區分，它們很有可能出於同一機制（mechanism）。

李喬企圖在「創傷症狀」和「創傷後所形成的行為」之間進行區別，但從上面的分析可看出那不是容易的工程。原因是，國民黨政府在二二八事件後繼續以同樣的心態和行為統治台灣。以受難者後代為例，他們多年來長期受到監視騷擾或遭受逮捕，「後來」的壓迫維持「原先」的恐懼，而新的恐懼則在國民黨統治下產生。換句話說，二二八事件是台灣人中國經驗中的強烈高潮，台灣人的行為特徵則是整個中國經驗所形塑而成的。

李喬從「二二八症候群」和「二二八行為模式」描繪出台灣人的心理狀態：充滿恐懼、無力感，埋沒自我，價值系統崩潰，以統治者喜好為指南；它又說出在無可奈何的情況下，台灣人如何自訂行為準則，規劃台灣人和加害者國民黨政權的關係，並在這關係中聲明，統治者有絕對權力，受害者對之臣服，不質疑其正當性等等。前者是外力所造成，台灣人是被動的接受者，但後者，台灣人則是主動的創造者，在無助的環境下以這自創的行為模式自我扭曲以自保。

三、第二層創傷——自我創傷

　　關於這一點，比李喬更早十年，宋澤萊[9]也提出台灣人受害又自害的論點。他觀察到台灣人的心理構造缺乏「自我認同」（selfidentity），因此沒有「自知之明」（selfinsight），常低估和漠視自己，不能「自我接受」（selfacceptance）自己的優點和缺點，至於「自尊自重」（selfesteem）更是不可能。缺乏自我認同、沒有自尊的台灣人又有什麼行爲特徵呢？宋澤萊提出幾個很有意思的觀察：他認爲台灣人有「盲目的認同」傾向，容易附和他人；容易接受有害自己的價值觀，放棄自己，加入敵人的一方（內在化）。他又看到另一個現象，即「自我邊緣化」，「凡事毫不關心，視而不見、聽而不聞。…從現實的世界隱退…」，這種現象他稱之爲「隱退」（withdrawal）；他並提及「緊張和焦慮」、「歉疚」爲台灣人的特徵。

　　宋澤萊在前，李喬在後，他們兩人一致認爲台灣人的個性和病態行爲是外力創傷和自我扭曲兩股力量的產品。宋澤萊並沒觸及二二八的衝擊，他把重點放在統治者故意摧殘和「被統治者」台灣人附和統治者意向而自我扭曲的後果。他說，「台灣的自我圖像」一方面受到國民黨政權運用教育和大眾傳播兩個管道的漠視和摧毀，另一方面則

9　宋澤萊，《台灣人的自我追尋》，台北：前衛出版社，1988，頁21-24。

受台灣人的自我摧殘，「…一批以國際人自居的文化創生者，他們努力製造國際人圖像，希冀將自己及台灣人置放在沒有邊緣沒有定點的國際中，流放自己，也流放了台灣人。」這和依附國民黨的台灣官員盡量袪除「台灣心」或「台灣色彩」的行為有異曲同工之妙，今日動不動高談全球化，以地球村民自居（但沒有地球村護照），何嘗沒有上述自我放逐的痕跡。

他們兩人論及台灣人的心態、行為問題和其塑造過程，不約而同地指出那是經由外來不可抗力的摧毀，和適應性的自我扭曲所產生的綜合結果。這完全相同於虐待關係中，個人人格遭受摧毀，經過施虐者的再塑造和自創「適應行為」的現象。本文以下就從「虐待關係」的觀點，來看台灣人性格特徵的形成。

「受虐者──台灣」和「施虐者──國民黨中國」的關係

【第二章】

　　無論是性、肉體或精神虐待，也不管是宗教性或政治性的綁架，其受害者與加害者兩者關係的基本性質是：加害者剝削受害者來滿足私慾（性、服務、資源、特定政治或宗教目的）。加害者對受害者施加暴力，或以暴力爲後盾威脅受害者，鞏固對受害者的控制，以能繼續剝削之。

　　國民黨中國最初把台灣當戰利品看待，不但剝削台灣的資源，更對台灣人施以歧視性的待遇，藉以全盤控制這項戰利品。這些措施顯現出剝削者和被剝削者的區別，並無所謂「同胞」情誼可言。但台灣人卻遲至遭受二二八事件的衝擊之後，才從「回歸祖國」的夢幻中清醒過來，發現中國的眞面目，並認知自己的身份。這種認知驅使台灣人重新調整自己的思想和行爲，以適應這新的外來統治者。

　　二二八事件發生過後一年餘，中國的國民黨政府被共產黨取代，國民黨退據台灣，成了流亡到台灣的政權。自此，國民黨流亡政府積極開發寄居地台灣的資源，以備反攻中國之用。此時，台灣的身份雖由戰利品轉變爲反攻中國的寄居地，但也不過是被用以滿足國民黨政權的暫時需要而已；因此國民黨政府沒有必要改變它對台灣資源剝削性的運用，以致今日台灣人必須承擔生活環境與生態遭受嚴重破壞的後果。

　　在虐待關係中，受虐者與施虐者兩者的能力懸殊，受虐者無力自衛。不僅如此，受虐者的生活大多必須仰賴施虐者，無法逃離而獨立求生，因此對受虐者而言，施虐者

既是加害者，同時又是其賴以生存的「必須條件」。這種關係上的矛盾是兩者間複雜、奇異、矛盾關係的起源。

台灣人在國民黨中國統治之下，於1947年2月28日起義卻不幸慘敗，眾多台灣人民遭致被屠殺的命運。其後國民黨便在台灣實行恐怖統治，台灣人民因而噤若寒蟬，深深體會到無力反抗的悲哀。在國民黨多年的恐怖統治下，包括行政、司法、治安、衛生、金融、教育等等，事關人民日常生活的機構與其運作，都牢牢地掌握在「外省人」的國民黨中國手中。「他們——統治者」相對於「我們——被統治者」的認知，很清晰地印在人們的腦海裡，尤其在政治「本土化」之前，這認知是引導台灣人求生的行為指標。二二八受難者賴象之子賴淵光[10]，日後不管到那裡就職，警察、安全單位、紀錄隨之而至。他升官受到打壓，只好一直忍受人事的不公，「安分」又認真地做工程師。後來被人告知，若想要升官，不加入國民黨是不行的；因此他雖然明知國民黨殺死他父親，仍願意入黨（和敵人融合一起）。他以「不能忍受學弟當上司」為理由，來正當化加入國民黨的行為，這例子顯示受虐者依賴施虐者求生的困境。

為了加強對受虐者的控制，幾乎所有的施虐者都慣用貶低受虐者能力與人格的伎倆，使受虐者自認愚蠢、無

---

10 張炎憲等，《諸羅山二二八》，台北：財團法人吳三連台灣史料基金會，1995，頁151-152。

用、醜陋、無人喜愛等等，增加受虐者的無力感和對施虐者的依賴。在統治初期，國民黨正當化其對台灣人的差別待遇，聲稱台灣人受日本殖民教育「中毒」太深，又缺乏「祖國」統治下的行政經驗，它更稱跟隨政府退據台灣的中國精英多如過江之鯽，因此大多數機關首長才會由外省人出任。

在學校教育中，國民黨懲罰講台灣母語的學生。在社會教育方面，國民黨政府透過寫作、戲劇、廣播等媒體的傳播，暗示使用台灣話的都是社會底層的人物，貶低台灣人的自尊。它的正式教育完全抹殺台灣文物，以權威代表（教師）刻意貶低台灣文物，令台灣人無從認識台灣，又對之產生鄙視，使這些對自己茫然無知又有缺陷感的台灣人，只能反射性地遙望中原去尋找自我，唯有面向「中原」才能看到美麗山河與偉大文物，對身邊的台灣地理與歷史等等，反而腦海一片空白。

在虐待關係中，施虐者通常會對受虐者軟硬兼施。一方面，威脅受虐者不得反抗或張揚其惡行，不然有喪命危險；同時又恐嚇受虐者，張揚施虐者的惡行會引致家庭破散和損害名譽的後果，這一切後果都得由被害者負責。換句話說，在施虐者的價值系統中，揭發或反抗施虐者的惡行均是「罪惡」。另一方面，施虐者也善用施小惠（糖果、殷勤或小恩惠等等）的方式對待受虐者，扮演既是「施虐者」又是「施惠者」的雙重角色。如果施虐者是受虐者的養育者，他既是受虐者所仰賴的對象，又可能是毀滅者，

扮演了更不容易擺脫的雙重角色。在這個施虐者同時又是施惠者的情形下，受虐者非常容易接受施虐者的信念、思考模式，而成爲日後尋求自由時的心理枷鎖。結果，尋求自由也就等同於捨棄既有利益和信念，因此更增加受虐者內心的不安和罪惡感。

國民黨政權雖然使用高壓統治，但也十分擅用軟硬兼施的手段。在白色恐怖時期，不管眞假，一旦思想或行動令國民黨政府感到懷疑，台灣人就可能被扣上匪諜、陰謀顛覆政府、破壞國家安全、受外國利用、台獨份子等等罪名而入獄甚至處死。另一方面，台灣人的生活又仰賴國民黨政府以國家的角色給予照顧，因此台灣人感覺受惠於國民黨施政與「外省」官僚照顧的人確實不少。國民黨政府又大量宣傳政府的「德政」，製造蔣介石夫婦「仁慈愛民」的形象。在這軟硬兼施下，台灣人容易接受國民黨灌輸的信念和思考模式。

施虐者常用一些冠冕堂皇、似是而非的道理，來正當化其虐待與剝削，爲自己的惡劣行爲脫罪。施虐者可能會強辯，虐待行爲是不得已的，是爲了受虐者的好處著想；或者聲稱受虐者罪有應得，受罪是活該。

國民黨向來對台灣人民表示只要安分守己，就沒有害怕政府的理由，換句話說，國民黨不會逮捕「無辜」的人。因此，凡是被逮捕的一定是犯罪的壞人，活該受罪。國民黨政權透過「臨時條款」實施長期的恐怖統治，以歪曲理論來正當化這種違憲的行爲，一方面告訴人民只要安

分守己，個人自由便不會受到戒嚴法的約束；另一方面，卻以「護憲」爲藉口，維持萬年國會的存在，以正當化其違憲又獨裁的政治。

由上面的對照敘述，我們可看出國民黨政權與台灣人的關係，和虐待關係中施虐者與受虐者兩者間的關係近乎完全相同，所不同的地方在於前者爲大規模的虐待關係。這種關係並不只見於台灣人和國民黨政權之間，實際上任何獨裁政權和被統治者之間都可看到這種情形。唯一不同的是國民黨中國與台灣人之間的關係，又包括了「何謂台灣人」的問題。

【第四章】

受虐者的適應機制

生活於虐待關係中的受虐者，會動員多種適應機制（defense mechanism）來適應虐待以求生存，最普遍的幾個適應機制有：否認、無力感、自卑感、被拯救幻想、以及互相利用的腐化文化。

面對無法自衛又無法逃離的虐待現實時，受虐者會啟動「否認」（denial）這種最尋常的適應機制。受虐者運用「否認」的適應機制在心理上抹消受虐待的事實，增加對虐待的忍受性；同時加強對受害感情（恐懼、憤怒或悲傷）的自我控制，因而減少反抗的慾望和其連帶的可能災害。長期運用「否認」的適應機制而自我麻痺後，受虐者可能會發生一個錯覺，認為事實並不像他人所說的那麼糟，進而覺得沒有擺脫虐待關係的必要。

由於施虐者和受虐者兩方力量懸殊，受虐者若生氣與反抗，除了自討苦吃之外並無作用。既不能改變受虐的遭遇，又無法掌握自己的命運與前途，受虐者只好「認命」，這種「認命」的想法，實際上就是「無力感」（powerlessness）的外在化。因此，具有無力感的人「自認」命運不好、甘願接受施虐者的擺佈，受虐者頂多幻想救星出現，解救自己脫離苦海。在無法脫離虐待關係的處境下，無力感與否認一樣都是自我保護的機制。

長期身處人格受到貶低、生理與心理需要被忽略、動輒遭受打罵的虐待環境下，受虐者可能會產生自卑感（low self esteem）。有自卑感的人認為自己無存在的價值，不值得與他人享有同等權利或接受平等待遇，自認不令人喜歡

或相信沒人願出手相助。他們常降低對自己的期待，以減少失望的痛苦。也可能犧牲自己、討好他人，以求得他人的喜愛。

腐化文化是在無力感下，爲求生存而與施虐者形成的扭曲關係與行爲。受虐者可能從痛苦經驗中學到察顏觀色的眞諦，以逃避受害；同時他又必須學習如何取悅施虐者，以減少受害的可能性，並與施虐者交換好處。如此，這關係可能演變爲兩方心照不宣，在默契之下互相利用而滿足各自的需求。此時受虐者可能會產生與施虐者「互相了解」的錯覺，而對之生有「同志」般的親密感，自以爲對施虐者具有影響力或控制力。因此，日後當有機會脫離受虐關係時，受虐者不僅可能捨不得既得利益，更可能把自我解放錯認爲「遺棄」的行爲，把施虐者當作將被遺棄的「受害者」，因而對之生有同情心，又對自我解放的行動產生罪惡感。受虐者甚而敵視幫忙自我解放的友人，以致不能脫離那病態的關係，我們稱此種情形爲「虐待關係中的腐化文化」。

在這種受虐的環境下成長的小孩，長期運用這些適應機制，成年以後，雖然身處安全地帶又遠離受虐環境，但其行爲與心理可能仍留有傷痕，以致在待人處世上仍然運用受害時的適應機制，猶如仍舊身處令人擺佈的環境一般。當事人對此如不是沒有自知，就是無法擺脫受虐的枷鎖。有人離開虐待關係後，並不覺得當年受害有什麼不好，也不會對加害者有什麼負面感情，甚至在原諒的面具

下對加害者禮遇有加；無力感的後遺症可能令人逆來順受，「與世無爭」，常用「命運」、「清高」或「淡薄」之詞來掩飾內心的缺陷，「正當化」他的無所作為；有自卑感的人會輕易接受、或主動追求與自己不相配的配偶或職業。

【第五章】

台灣人的受虐心態

第一節　無力感

　　許多被虐待的個案發生在受害者的幼年時代，而施虐者通常是成年人。兩者之間體力、智力懸殊，受害者根本不是對手。要是加害者是父母輩，兩者間力量差距更大，小孩缺乏自立求生之力，只能依靠施虐者而生存。換句話說，當加害者是受害者的基本「生存條件」時，受虐者若起義反抗等於是自斷生路。在如此左右為難的情況下，受虐者不知所從而產生「無力感」是極其自然的。不僅小孩，即使是長久遭受虐待的成人也可能會產生無力感。例如一婦女不幸嫁給一個有暴力傾向的男人，長期受到人格侮辱、謾罵甚至毆打後，她的自我評價下降，認定自己無力改變命運。雖明知唯有離婚一途才能解脫，但卻因受到無力感的影響而無法堅定意志，採取行動。

　　一旦虐待關係中斷、或受虐者成年後有力對抗並爭取自由時，無力感可能就自然地消失。但它也可能陰魂不散、成為人格不可分離的一部分，而在脫離受虐後的日常生活中作祟。因曾受虐而有無力感的人，要是遇到困境就會覺得無能為力，與其爭取權利或自創變通的對應辦法，他寧可相信困境是命運註定，「不可能」由自己來改變。此外，受虐者的無力感也可能藉由其他的形式呈現：例如受虐者可能以「不願傷他人感情」為由，拒絕爭取自己的權利；或者認為變通辦法輪不到自己來發現，因而不願

嘗試。受虐婦女可以「無職業」爲由不敢離婚；即使是職業婦女也可能以「缺乏單獨生活的經驗」爲藉口而遲疑不前。長久下來，只好怨嘆「命不好」、「前世欠債」或是以「比我的命運更不好的還大有人在呢！」等理由來自我麻醉。這些理由確實有「部分事實」的根據，不過在受虐者的心中，這些「部分事實」被誇張爲不可推翻的公理。無力感如此被「正當化」後，就會成爲日後復原工作的障礙。在心理治療的過程中，當心理治療師與「受虐後遺症」的患者檢討「無力感」的眞實性時，病人常會理直氣壯地替「不可能」辯護，與心理治療師對抗，來保護自己的無力感。

台灣人在二二八起義中慘敗，印證了自己與國民黨中國之間能力的懸殊。隨後而來的恐怖統治令人膽顫心驚，密告者可能是想像不到的親友，令人覺得隨時都有被捕的可能。有人坐牢多年仍不知罪名爲何，有的更不幸地莫名其妙喪生。這類故事在耳語中一而再、再而三地傳播，形塑出「任何人隨時隨地都有可能發生危險」的氛圍。在無法逃離台灣、追求安全的情形下，人們只好三緘其口以求保命。

這種無力感很清楚地表現在受難者家屬的反應上。賴象[11]資助「二二八」起義，事後被捕殺，他的妻子心生恐

11　張炎憲等，《諸羅山二二八》（台北：財團法人吳三連台灣史料基金會，1995），頁147。

懼，不允許子女參政；國大代表林連宗被誘殺[12]，他的女兒禁止子女讀政治和法律，或與中國人通婚；嘉義參議員陳澄波[13]在二二八起義中被推爲代表，到水上機場與中國守軍談判，被扣留後慘遭殺害，他的女兒警示兒女不得參與政治。這種例子不勝枚舉，台灣人認爲受害者是因參政才被殺害，因此避免參與政治以減少喪命的危險。但這種自衛機制背後卻藏有「政治無用」（即使參政也發生不了作用）的無力感。中國統治台灣之初，許多台灣人興致沖沖地參政，認爲參與「以三民主義建設中國」的大業可有一番作爲，那知會招來殺身之禍。有的更把這無力感延伸，不僅不參政，連投票也拒絕：蔡啓霖的二哥護送中國人，遇上逃跑的中國兵而被殺，全家對政府無法信任，多位兄弟不僅沒人踏入政界，甚至亦不參加選舉投票[14]。這種「自我邊緣化」的行動，一方面是自衛，另一方面則是無力感的表現。他們在不冒生命危險下，唯一能顯示「剩餘力量」、做不屈服狀的是，拒絕講「國語」和禁止後代與中國人通婚。然而，這些行爲隨著社會生活需求的改變和社會形態的變遷，多年後已大致失去原有的意義和效果。

---

12 張炎憲等，《台北南港二二八》（台北：財團法人吳三連台灣史料基金會，1995），頁185。

13 張炎憲等，《嘉義驛前二二八》（台北：財團法人吳三連台灣史料基金會，1995），頁172。

14 張炎憲等，《諸羅山二二八》（台北：財團法人吳三連台灣史料基金會，1995），頁54。

　　由無力感而生的「自我邊緣化」，即使在一般台灣人當中也非常普遍。1940年代以後出生的台灣人，大多受到「關心政治是危險、沒用的」或「會被人利用」之類的家教。這類家教的背後隱含另一面的教訓，即凡是拒絕思考或參與「會被利用、不能有所作爲、浪費精力的」政治活動，反而隱含有「聰明」、「正當」的道德優越性。這是把無力感正當化的典型（prototype），接受這種家教的台灣人自然會培養出對政治缺乏「興趣」的個性，而不知「缺乏興趣」背後所隱藏的是上一代的恐懼和無力感。後來許多人發現選票值錢而賣票，令人產生歪曲的有力感倒是相當諷刺的。

　　但我們不可把這「無力感」完全歸咎於二二八事件的衝擊，其後國民黨的恐怖統治也造成極大的影響。在國民黨控制下的媒體報導千篇一律是情治機關不時「破獲」叛亂集團或逮捕「匪諜」、「資匪分子」、「失意政客」或「極端份子」等等。這種心戰技術相當成功地製造出一幅景象：台灣人沒有自發性的政治思想或行動，更沒有台灣獨立的渴望；即使有，也逃不過被外國帝國主義或「共匪」利用的下場。國民黨政權鼓勵學生「好好讀書」，不參與政治。

　　在高壓的政治環境下，人們會把這宣傳「內在化」而成爲思考模式。在這種思考模式下，一見到批評政府或爲台灣人打抱不平的，若不把他當做野心份子或極端份子，就是把他當作來套話的國民黨特務，因此對其敬而遠之，

擔憂自己說錯話或被利用。這些「外在」危險（被捕或被殺）可經過「內在化」而成為自衛性的「內在禁忌」。經由上述分析，我們可看出「無力感」的多面性，它可能帶著「關心政治沒有用」的面具，也可能帶著「台獨不應該」的帽子，更可能化妝為連部分民進黨員都高喊的「台灣沒有獨立空間」的思考（這原本是國民黨的宣傳口號）。因此，我們又看到台灣人第二代如何在安全的家庭環境裡向父母學習，如何成為國民黨「洗腦」的隔代受害者。

學校課程與政府控制的媒體扭曲台灣歷史，強稱「台灣自古屬於中國」、「台灣是中國『不可分離』的一部分」、「台灣的將來在中國大陸」、或「在歷史、地理、經濟、政治各方面，台灣都不具獨立條件」等等。在不准許質疑真假的環境下，容易令人不加思索地全盤接受這些內容，而將之視為事實。當台灣人相信這些國民黨編造的事實之後，便只能從中國的附屬地位來思考台灣的定位與前途。90年代台灣民主化後，國民黨中國再也無法隨意運用高壓手段來掩蓋台獨訴求存在的事實，於是聰明地運用心理學技巧，把獨立運動的目的抹黑為破壞「群族關係」、「挑釁中國」或「危害台灣安全」（意味中國會毀滅台灣）的思想和行為。如此，國民黨政權一方面替「台灣獨立」的思想強冠上破壞和諧的「非道德性」與自我毀滅的「非理智性」兩種性質；另一方面又把自己偽裝成道德和理智的發言人，將它對台灣獨立的敵意投射到中華人民共和國身上，企圖驅使台灣人把對統治者的恐懼轉移到中

華人民共和國，然後再把這恐懼「內在化」成為台灣人的道德準則。

穿著這道德外衣的「無力感」就如此從民進黨人士的口中道出。根據新聞報導，西元2000年總統選舉前，民進黨秘書長邱義仁表示，「考量佔總人口二成之人口的意願，民進黨不會宣佈台灣獨立。」表面上似乎是一番「體念人民意願」的發言，實際上卻傳達諸多令人失望的意涵：第一，意指佔總人口八成之人民的獨立願望（相對於二成人口的意願）不值得考量；第二，八成人民「獨立願望」的力量抵擋不住二成人口「希望歸屬中國」的力量。

類似的無力感也常流露在關心台灣事務的時事交談中。從1999年7月9日李登輝發表「特殊國與國關係」的談話後，到公元2000年陳水扁當選總統的這段時間中，中國對台灣持續屬行武力恐嚇。這些時事在留美的台灣人之間是相當熱門的話題。當時在某個公共場合中，本文作者參與了一場關於台灣國防的討論，其中一位熱忱參與討論的同鄉的觀點很明顯地繞著「無力感」打轉：在核武自保的問題上，這位人士認為台灣承受不了發展核子武器的經濟重擔，而且台灣也沒有能力投射核子武器；即使來日發展成功而有此能力，也「一定」逃不過被中國截擊的命運。雖有巴基斯坦與印度秘密完成核武的前例，他仍堅持台灣絕對無法逃避美國的偵察，更承受不起美國的經濟制裁等等。先不論「應不應發展核武」的哲學問題，這位人士的意見的確有些道理，也有些「部分事實」的根據。但此人

意見的問題在於，完全漠視相反的「可能性」與「部分事實」，一貫採用負面資訊與「可能性」，以達其「永遠無望」的結論。我們可看出這種「永遠無望論」是該位人士雖極其關懷台灣的前途，卻又充滿「無力感」的具體表現。

另一種造成台灣人無力感的因素，則在於台灣人心理上缺乏對台灣國防的自信。這一點從近五十年的歷史來看，絲毫不怪異。尤其在國民黨統治初期，雖然充員兵絕大多數是台灣人，但很清楚地，這些台灣兵只是國民黨反攻中國的工具，台灣青年逃不掉當兵的「義務」，但並未認同「國軍」與其「神聖的任務」。當時的中國國軍也不認同台灣人，蔣介石在「國慶日」當天有對三軍訓話的慣例，此時他一定強調：「我把你們帶出來，我一定把你們帶回去」之類的話語。「你們」指的是誰，當然再清楚不過了；台灣兵十分清楚「國軍」並不是自己的「國軍」。後來，雖然國民黨中國放棄以武力奪回中國領土，可是「國軍」的歸屬仍然不變。當郝柏村官拜國防部長時，曾公開表示，台灣若是獨立，國軍不會保護台灣。這些話意在提醒台灣人，「國軍」並不是台灣人的「國軍」。不僅如此，公元2000年陳水扁當選總統時，國防部軍事發言人孔繁定不提「國軍」如何防衛台灣、擊退中國侵略，反而迫不及待地聲明：「國軍反台獨立場不變」，再一次提醒台灣人，所謂保衛台灣安全的「國軍」並不存在。自從前總統李登輝推行本土化、軍隊國家化以後，台灣籍高級

將官漸多，甚至現在連參謀總長也是台灣籍；而且近年來
國防部也逐漸改變作風，逐漸建立「國軍」保衛台灣的形
象，不再像以前當面對中國威脅時，反而長他人（中國）
志氣、滅自己威風，間接幫忙中國恐嚇台灣人。雖然，台
灣對此可聊以自慰，然而眼見不少高級退伍軍官「回」中
國置產、經商、當顧問、「接觸中國軍政官員」，更見到
現役軍官逃亡中國、出賣台灣重要軍事情報給中國的現
象，台灣人是否能夠相信，一旦中國侵台，「國軍」一定
會防衛台灣？

第二節　對中國的誇大評價與過分恐懼

在虐待關係中，受虐者對施虐者的能力常有誇大的評
價，這正是受虐者展現無力感的另一種方式。理由是顯而
易見的，虐待關係本就建立於施虐者與受虐者兩者間力量
的懸殊。受虐者長期生活在無法逃避的環境下，不敢又無
力抵抗，除了產生無力感，認定自己無法改變遭遇之外，
也會對施虐者產生錯覺，認為他有絕對無法抵擋的力量。
另一方面，施虐者也是心理戰專家，他善用各種威脅誇張
自己的威力，貶低受虐者的自救能力，使受虐者在心理上
提昇反抗的代價，同時放大兩者間的能力差距。如此，施
虐者加強受虐者的恐懼，減低其鬥志，確保對受虐者的控
制，而能隨心所欲。因此，有時當客觀條件演變到施虐者
不再能任意支配受虐者的情形時，受虐者卻依然保持對施

虐者懷有無比的恐懼，無法解脫心理枷鎖而有所作為。

　　Amanda的個案就是受虐者對施虐者產生誇大評價而不能解脫的好例子。她出身於缺乏溫暖的家庭，後來結識一男友，起先這男士對她十分體貼，給予無微不至的照顧，又炫耀他豐富的經驗與知識，讓她佩服得五體投地。因此，當他向她求婚時，Amanda一口就答應了。可是好景不常，他婚後不久就原形畢露，不但對她動輒打罵，譏笑她愚蠢醜陋，身無一技之長，並斷言若她不知好歹，捨他而去，一定會餐風露宿。起初她完全相信丈夫對自己的評價，忍氣吞聲、委屈求全，以博得丈夫稱許。但因忍受不了虐待，在幾年間曾先後離家出走幾次，不幸她交際不廣，缺乏可投靠的親友。因此，她丈夫尋找她毫不費力，帶回家後照例痛揍一頓。這些失敗經驗讓她產生一個錯覺，認為丈夫神通廣大，自己無論如何也逃不出其魔掌。後來由於家庭經濟的需要，聽丈夫的指示出去就職。她工作努力而漸受器重，這令她發現自己並非愚蠢，又意外發現自己在男同事間的魅力。如此，她終於發現，自己不僅有能力謀生，更不是男士視而不見的女性；她終於看出丈夫對她所灌輸的自我評價完全是錯誤的。不過，每當她透露去意，丈夫便威脅她，一旦離婚，他就把孩子藏匿外地，讓她永遠找不到；又說離婚破壞家庭名譽，親友會因而與她斷絕關係；再不然便威脅她的生命安全。Amanda在恐懼又徬徨之際，尋求心理醫師的治療。與治療師多次的約談之中，她再次證實了對自己的新評價。同時，她獲

知有婦女避難所、保護婦女權益的法律，甚至遷移他鄉等等自我保護的變通辦法。在理智上，她也了解不管丈夫採取任何報復行動，都會受到嚴重的法律與經濟制裁，因此他貿然行事的可能性不高。儘管如此，Amanda還是無法克服對丈夫的恐懼，她不可理喻地相信丈夫「一定」會隱藏孩子，也相信無論搬到那裡，丈夫「一定」會找到她，更相信他「一定」會不顧後果來殺害她。因此，她裹足不前，長期不敢採取自救的行動。

台灣人早有對中國誇大評價的歷史背景。二次世界大戰結束，中國以同盟國聯軍的身份進佔台灣。當時台灣雖有台灣獨立的呼聲，又有向聯合國請願的行動，不幸它被另外一股「重回祖國懷抱」的興奮所淹沒。這兩股相反的力量可說是當時台灣人的矛盾感情。「重回祖國懷抱」的興奮，一下子就被中國軍隊惡劣的形象澆了一盆冷水。狼狽不堪又毫無軍紀的中國軍，對照於雖敗戰但仍軍裝整潔、軍紀嚴明的日本軍，猶如天壤之別。可是台灣人並沒因此而清醒過來，反而把這醜陋的事實加以美化[15]、[16]，套用武俠小說式的幻想來誇大中國軍隊的能耐。不斷有巷間傳說流傳，中國軍隊那臃腫難看的綁腿裡頭藏有鉛塊，平時以此訓練腳力，一旦與日軍作戰，袪除鉛塊，各個士兵馬上變成飛毛腿，戰鬥時英勇無比。也有比這版本內容更誇大的傳說，除了指稱中國軍綁腿內藏鉛塊之外，更把

15　《陳逸松回憶錄》（Irvine，CA：台灣出版社，1994），頁308。
16　吳濁流，《台灣連翹》（Irvine，CA：台灣出版社，1987），頁130。

中國兵背上的雨傘幻想成具有降落傘功能的兵器[17]、[18]。

　　誇大中國評價的來源，可從台灣移民史與台灣意識誕生的過程窺視出。最初從中國來台灣的移民，因爲當時台灣並沒有既存的政治實體與社會構造，因此沒有認同與歸化的問題。以後，經過幾個短暫又局部的政權統治（西班牙、荷蘭、鄭成功），全島才被清國納入版圖，兩百年後又易手納入日本版圖。從鄭成功時代以後，台灣生態的主導力量由原住民轉到漢人移民手中。原住民和漢人移民之間雖有通婚，但由於漢文化是強勢文化，因此，只要與漢人移民通婚或接觸的原住民通常會被漢化，於是漢文化和認同中國的思想就成爲當時台灣文化的主流。儘管如此，在清國海禁時代違反禁令、偷渡到台灣的移民，並不被視爲清國臣民，因此隱然已有「台灣人」有別於中國人的模糊觀念。「台灣人」觀念在台灣歸屬日本時就被派上用場了，當時清國官兵與反抗軍劃清界線，向日本解釋反抗日本的是「台灣人」而不是清國人。隨後，在日本統治下，「台灣人」這個名詞也用來區分台灣的在地人與出身日本本土的「內地人」。在日本教育廣佈全台灣後，「台灣人」這個名詞的使用更普遍化，它不僅成爲「台灣在地人」的名稱，更成爲在地人的「自我稱呼」，當「台灣人」產生「自我稱呼」的意涵之後，即象徵台灣意識的形成。

17　鍾謙順，《煉獄餘生錄》（CA：台灣文化社，1986）頁74。
18　阮美姝，《幽暗角落的泣聲》（台北：前衛出版社，1992）。

　　二次大戰結束以前，在日本政治體制內，台灣意識的發展大概分為兩個方向：一是爭取與「內地人」平等的日本國民運動，另一則是爭取台灣自治，這兩個路線顯然是認定台灣無能力強行脫離日本而獨立的妥協；與此平行的，在日本政治體制外的台灣意識也分為兩個方向發展，有一派想藉中國的援助而爭取台灣獨立，但也有期待與中國合併的。如此我們可見到，在二次大戰結束時，台灣意識雖然已經成形，但並未確立方向。

　　二次大戰結束，前來佔領台灣的中國自稱是台灣人的「祖國」，又稱呼台灣人為「同胞」。這對於正在尋找「自我」的台灣人來說，正是天降的既成答案，不必再繼續思考何去何從。無疑地，是這種殷切的期待，驅使台灣人美化醜陋的事實，誇大中國的形象來滿足自己的心理需要。當時，中國一夜之間翻身，擠身進入世界「強國」之列，雖然實際上仍貧窮落後，但也沉醉於「二十世紀是中國人世紀」的幻想中。中國人「未來式」的自我膨脹，正契合「孤兒」台灣人的需要，令台灣人幻想「參與」建設夢幻的中國，使自己成為夢幻中國的創造者和成員。這無異加強了台灣人對中國的誇大評價，而成為今日台灣人不能擺脫對中國誇大評價的原因之一。

　　但台灣人對中國誇大評價的主要原因，則來自國民黨中國恐怖統治下的生活經驗。二二八事件對台灣人造成的最大創傷就是無力感的產生，隨後的恐怖統治，更令意志癱瘓的台灣人增加對國民黨政府的恐懼。罹難者家屬或受

難者本身長期受到監視與騷擾，親友退避三舍，租屋、就職困難（雇主或房東不堪情治人員的詰問、干涉），升遷、出國更有問題；受難者家屬的身分成爲婚嫁的阻礙，與受難者家屬結親就遭受情治單位的監視。在受害者眼中，加害者的能力與受害者的恐懼程度互相助長，這種現象並不是一夕之間就會消失的。80年代後期「二二八平反」運動展開後，已逐漸步入李登輝總統主導的台灣民主化時期，其間政治迫害的顧慮逐漸減少。但平反運動工作者在訪問受難者的過程中仍然遭遇許多典型的困難，有些受難者仍心懷極端恐懼，閉口不談受難經過，有些則對事件患有「失憶症」，還有人則把這種恐懼投射到平反運動工作者身上，反而憂慮工作者的個人安全。

台灣逐漸民主化之後，國民黨政權再也不能爲所欲爲、利用情治單位來魚肉人民，可是這並不意謂台灣人對它的恐懼就煙消雲散。當獨裁的國民黨政權逐漸失去權力時，他們運用掌握在手中的媒體，誇大中國對台灣的威脅，以中國的「蠻橫」取代國民黨的「恐怖統治」來嚇唬台灣人。他們宣稱若是台灣獨立，中國就會攻打過來，這和國民黨中國多年來施行的恐怖統治完全一樣：以前是「不要搞台灣獨立運動，不然國民黨政權會殺掉你」，現在則是「不要搞台灣獨立，不然中國就會消滅你」。我們都熟悉一個心理學原理，即恐懼可從恐懼的對象擴展到具有類似性質的對象。接受國民黨教育的台灣人，本就對國民黨中國和共產黨中國之間有區分的困難，而當國民黨透

過媒體一再誇大中國的威脅之後，台灣人便容易將對中華民國的恐懼轉移到它的「另一自我」（alter-ego）——中華人民共和國。這是台灣人對中國懷有極端恐懼並誇大評價的主要來源。

　　幾年來中國對台灣的侵略姿態引起國際上相當的關注，國際上不時有軍事專家撰文分析台灣與中國之間的軍事平衡。雖然他們的意見多少有所出入，但卻一致認爲中國目前沒有能力攻佔台灣。理由有幾個：中國缺乏兩棲作戰時大量輸送軍隊的海軍，沒有後勤補給能力，更缺少制空權，中國大量的飛機也壓不倒素質優良的台灣空軍；雖然中國進行過多次軍事演習，又不斷以武力威嚇台灣，但中國並沒有聚集軍隊，準備立即侵略台灣的跡象；儘管它在沿海增加部署飛彈，但從波斯灣戰爭與科索沃戰事看來，它發生不了決定性的軍事作用。專家們最壞的預測是在2005年時，中國在台灣對岸的飛彈部署可達六百枚，而其空軍與海軍的素質可能大幅提高而超越台灣。

　　我們看到一個現象，一談起中國，許多台灣人立即變成中國問題「專家」，其間顯示對中國侵台的迫切感，上述國際軍事專家的分析與預測，對這些人的意見好像沒有影響。這可從下列幾個普遍的意見發現：他們一味地認定中國「絕對」不會讓台灣獨立，因此一旦台灣宣佈獨立，中國「一定」會出兵攻打台灣（更意味台灣一定滅亡）；中國在天安門事件中，濫殺手無寸鐵的國民，證明中國的殘忍與蠻幹，因此這些人認爲要是台灣獨立，中國「一定」會

不顧後果地侵略台灣；不僅如此，中國曾有以原子炸彈威脅美國的實例（中國國防部長的發言），再次「證明」中國殘忍與蠻幹的本性，因此更認為美國絕對不敢協防台灣，以免觸怒中國。

從這類的言論中，我們可看出這些台灣人腦海裡的中國形象：中華人民共和國的軍校只訓練軍人蠻幹，不考量戰略或戰術，不計算攻佔台灣所要付出的代價，更不考慮一旦動武失敗對自己國家的影響；擁有幾十枚洲際飛彈的中國，能把擁有四千多枚原子彈的美國嚇唬得不敢動彈；中國的統治者控制不了蠢蠢欲動的解放軍，解放軍不顧慮戰事對其政權、經濟、社會安定的後果，更不在意國際的制裁。在這種形象下的中國（人）與常人不同，它的思考和行為模式不照常理，它不計較得失，又能在不合常理的情況下達成在常理下不太可能成功的作為。

這樣的中國形象，就與以前「國民黨中國在台灣」的形象一樣，殘忍蠻幹、隨心所欲、無所顧慮，有超人的能耐。因此，儘管目前台灣在硬體上仍有自衛能力，但精神上仍停頓在早期受國民黨政府蹂躪的弱者心態。因此，當另一個不同時空的中國政權對台灣安全形成威脅時，台灣人便把對國民黨中國的恐懼與誇大的評價，轉移到其「孿生兄弟」──中華人民共和國，才會對其有幾乎非理性的恐懼。

不可否認地，中國對台灣的軍事威脅，確實有相當的實力作為後盾，中國侵略台灣的可能性也是真的，對此，

不僅台灣必須憂慮，連中國四周的鄰國也相當顧慮中國的軍事實力與其霸道的姿態。可是專家們替台灣估計的「喘氣時間」，卻無法緩和台灣人對中國侵略的危機感，連波羅的海三小國和東帝汶在強鄰虎視下獨立的實例也無濟於事。這與Amanda的情形非常接近，雖然客觀條件顯示她有能力獨立求生，但由於她高估丈夫的能耐，因而受到恐懼感的威嚇而不能有所作為。台灣人目前同樣也高估中國的能力，因為恐懼而自我威嚇，以致不敢走向獨立之路。

第三節　末代台灣人

許多當代的台灣人多少具有末代台灣人的心態，在這樣的心態下，有心或無意地不再將台灣人的民族文化資產傳承給下一代，於是台灣的下一代不再具有認同台灣的特質，因此當代的台灣人便成為名副其實的末代台灣人，這是自卑感作祟所造成的。前面提過，在虐待關係中，施虐者常以公開、直接的方式侮辱受虐者，傷害其自尊心。除此之外，施虐者也善用間接的方式來貶低受虐者：例如質疑受虐者為何「他人能，你就不能」；鼓勵受害者不顧自己的需求而應以「大局」為重，要有「犧牲小我，完成大我（施虐者）」的精神；指責受虐者小題大作，不能忍受一般人能忍的痛楚；替受虐者做「自我」的比較評價，批評受虐者用心不足，以致不能維持努力的成果等等。如此經常被拿來與他人或自己做「比較評價」，來貶低自己，

「證明」自己的缺陷，會驅使人減低對自己的評價，自認不夠好，比他人差，不能對自己努力的成果產生成就感，甚至認為自己的感受、需要、痛楚都不值得關懷。我們可看出，自卑感會造成多方面不良的後果：在人際關係上，自卑感可令人自認不值得「高攀」與自己相配的對象，而選擇不相配的對象；甘心接受低於資歷的職業與薪水；甚至會追求不合理想的對象來證明自己沒價值；有自卑感的人儘管有輝煌的成就，也仍缺乏成就感；無視自己的需求，只關心他人的需要；有時它則驅使人全面崇拜及模仿偶像，或追求表面的虛榮來掩飾這種缺陷感。

在國民黨統治下，台灣人的自我評價受到有系統地摧殘，以致對自己的背景不是茫然無知，就是受到扭曲的評價，因而產生自卑感。自卑感會造成對自己民族資產的輕視，而傾向於接受被灌輸的中國民族意識，甚至企圖脫除身上台灣人的痕跡。在討論這些問題之前，我們先了解中國人對台灣的認識，因為這是國民黨政權據以統治台灣的基礎。

特別是二十世紀前半的中國歷史，是一部掙脫外來強權控制的奮鬥史，在掙脫滿人的統治後，繼續尋求擺脫列強的控制。在這段期間內，中國對世界各弱小民族表示同情，台灣人就是他們眼中的弱小民族之一。早在努力掙脫滿人的統治時，孫文就認為台灣是弱小民族，在中日戰爭時期，國、共雙方也一樣，他們希望與朝鮮、台灣這兩個弱小民族聯合起來對抗日本，並協助他們追求獨立。換句

話說，在中國人的心目中，台灣人是異於中國人的弱小民族（異族）。等到1940年代，中國才開始有「收復台灣」的聲音出現，這時台灣人在中國人的口中，突然由弱小民族突變爲「同胞」。（謝常彰，《台灣公論報》，1999年5月26日、29日）

　　當二次世界大戰結束，中國以同盟國聯軍的身份佔領台灣，到這時爲止，他們稱呼台灣人爲「同胞」，才不過有三、四年的歷史，絕對無法改變長期將台灣人當作爲「異族」的觀念。面對台灣人既是「同胞」（新口號）又是「異族」的情形下，他們就在「台灣人爲二等同胞」的觀念中找到最好的妥協。如此一來，他們可以理直氣壯地稱呼台灣人爲「同胞」，又可把台灣人當做殖民地的異族（不同等的同胞）對待。1945年10月5日，當時的台灣省行政長官公署秘書長葛敬恩抵達台灣時，曾經有一段公開的談話，當中即稱台灣人爲二等國民、台灣爲邊疆和次等領土[19]、[20]。這番談話清楚地暴露了中國人思想中，台灣人爲「異族」的觀念，又拆穿其矢口稱台灣人爲「同胞」的虛僞面孔。實際上，這番談話並不是葛敬恩個人一時的失言，因爲三年後國民黨中國解釋「二二八事件」的起因時，另一個中國官員又在筆下表達同樣的觀點。楊亮功在〈二二八事件調查報告〉[21]的「事變原因之分析」一節

19　George Kerr，Taiwan Betrayed，
20　周明峰，《台灣簡史》，（台北：前衛出版社，1994）
21　張富美，《二二八事件學術論文集》，（CA：台灣出版社，1988）

裡，清晰地陳述了他對「台灣人眼中的中國人」和「中國人（他）眼中的台灣人」的見解。首先來看他所了解的「台灣人眼中的中國人」為何：

> 中年以下之同胞⋯不惟對於祖國之情況無從了解，即對中國之歷史、地理、文化、政治等情形，亦深受日本人之曲解宣傳，⋯反觀日人統治台灣時，一切政治經濟設施⋯均較有條理，較有規劃，⋯（對祖國）以日人不若視之，而發生離心傾向。

他認為台灣人並不認同中國的歷史、地理、文化、政治等的觀點（因受到日本人的曲解），而且台灣人在比較日本經驗和短暫的中國經驗（中國在台的措施和行為）之後，不但不認同中國經驗，更輕視中國。他將這種現象解釋為台灣人「無知」以及受到日本「扭曲」的結果。總而言之，他認為台灣人缺少「認同中國」的意識，本文將楊氏的這段結論稱為「中國意識缺乏論」。

中國人眼中的台灣人又如何呢？楊氏自己從中國人的觀點出發，也指出台灣人與中國人的不同：

> ⋯台灣同胞之生活上，觀念上，及客觀情勢上，已深深種下下列遺毒：⋯。台灣人生活習慣、精神意識已日本化，具有日本第一的窄狹觀念，又政治人才貧乏，對祖國、世界都不了解，對政治、經濟的眼光也淺視。

如此，他所見到的台灣人的確與中國人相異，他眼中的台灣人在文化、價值觀、經濟、社會構造上與中國人不同。他進一步以中國本位（sinocentric）的優越感來判斷兩者間的相異，他認為台灣人的眼光狹窄又淺視，是中了日本「毒素」的結果。本文把這觀點稱為「日本毒素論」。

由葛敬恩到楊亮功兩人觀念上的一貫性，即可斷定這是當時中國人對台灣人所持普遍的看法。如此，將可了解國民黨中國在台灣，如何以偏頗的「中國意識缺乏論」與「日本毒素論」為基礎來進行統治。從這兩個觀點出發，凡是異於「中國式」的思想、行為或價值系統，中國統治者不是將它解釋為中國意識缺乏症，就是「日本毒素」的中毒症狀，因此必須將之袪除，再填補以中國意識。在這樣的政策下，台灣人的自尊與文化資產均受到打壓和摧殘。此外，還有另一與此政策相互輔助的「中華文化復興運動」。國民黨政權敗退台灣後，指控中國共產黨政權摧毀中國文化，而以「中國文化保衛者」的姿態在台灣推行「中華文化復興運動」。由於這項「運動」實施於台灣，運動推行的對象並不是生活在中國本土、文化上受到「摧殘」的中國人，而是生活在台灣、受國民黨統治的台灣人，因此「中華文化復興運動」事實上也是消滅台灣文化的代名詞。

「中國意識缺乏論」最早的具體表現，就是以「台灣人之中沒有人才」的藉口，實施軍公教人員任用與支薪的不平等制度。雖然這種明文規定的不平等待遇很快就消

失，但機關人員、首長的任用仍不平等，並成爲其後三、四十年國民黨統治的不成文制度，直到國民黨台灣化後才漸漸褪色。秉持著「中國意識缺乏論」的想法，國民黨政權一方面構陷台灣人的缺陷，一方面以中國意識及文化來填補。台灣子弟的生活環境裡就交叉佈滿了這兩種信條：公家機關、高級教育機關等等的首長沒有台灣人；在政府與媒體的安排和偏差報導下，所謂傑出的評論家、思想家、藝術家、文學家、音樂家、科學家、以及中央研究院院士等新聞人物幾乎都是「外省人」；新設立的學校大多是「幽靈還魂」，清華大學、交通大學、東吳大學等，均以中國大學的名義在台灣復校，而甚少以台灣的名義建校。除此之外，台灣的山脈逐漸消失，取而代之的是中國的陽明山、玉山、合歡山、大武山、廬山等等；路名、地方名稱也幾乎一律由中國人名、地名或價值觀取代，台灣子弟無論到那裡都可見到八德路，又可走遍中山路、杭州街、忠孝街，但就看不到南港路、嘉義街或鴨母王路；在地理、歷史課裡，老師口授的是與台灣無關又遙遠的「錦繡河山」和「偉大祖國」，其結果是台灣子弟能背誦如何從北京乘火車到廣州，卻不知如何從自己家到鄉下找親戚（黃主文，全美台灣同鄉會講稿，2002年5月）；台灣子弟熟悉中國各朝代的偉人，但不知對台灣有貢獻的先人事蹟，台灣四百年的漢文化幾乎不見蹤跡。可見，台灣子弟成長的環境不是有生活歷史的台灣，而是處處充滿中國景色的「袖珍型中國」。因此，身處「一片空白」的台灣，視線

固定在那遠不可見、幻想中的「祖國」，台灣子弟無法認同「看不見、聽不到」的週遭或向他人介紹自己的精神遺產。

台灣子弟在國文、歷史與地理課上，以「比較評價」的方式認識「祖國」偉大的錦繡河山，知曉偉大「祖國」的人文物產等等，無不比台灣的所有一切更美好，但不知台灣擁有和「祖國」不同的獨特景緻[22]、豐饒物產，和歷史遭遇等等。台灣子弟學會熟背唐詩、宋詞，同時能夠列舉中國古代或現代（在台灣的）中國文學家與其「精彩作品」，但卻不知台灣本土過去或現代的文學，即使有所知悉，也認為不過是「台灣地方文學」，進不了「中國文學」的殿堂。因此，台灣子弟在通信、寫作、對談的自我表達時，能熟練地運用中國文化的思想、感情模式與表達方式，卻不會或不屑引用台灣的文化內容。在這種情形下，他們腦中的台灣不是缺乏內容就是比中國劣等，台灣子弟如何能以身為台灣人為傲？像這樣無法將台灣文化傳承給後人的台灣人，豈不就是「末代台灣人」？

一個民族的自我認同（identity）含有多種要素，這些要素的結合使其成員可以認知自己，所以從民族成員對這些要素的評價，即可看出這個民族的成員如何自我評價。母語是一個人在生長過程中，形成民族認同最早又最切身的要素之一，因此從成員對其母語的評價和行為，可看出其

22　例如，玉山是台灣人引以為傲的東亞第一高峰。

成員的自我評價。在國民黨統治的早期，台灣子弟若在學校講母語，必會受到懲罰與羞辱（掛狗牌），這種行為直接傳達的訊息是「講母語是不應該又恥辱的」。由於母語是自我認同的最切身要素，當它受到「權威」貶抑時，容易驅使幼童接受這種評價而自卑。不僅如此，在大眾媒體所呈現的節目內容中，講台灣話或台灣腔「國語」的，往往不是滿嘴金牙的佣人、鄉下人，就是腳著木屐、口含香菸、滿口穢言、「沒水準」的台灣人；對照於此，那些「文質彬彬、有教養」、「眼界、心胸廣闊」的，則一律呈現在滿腔捲舌音的中國人身上。浸淫於價值觀被操縱的環境下，不僅止於幼童，即使是成人也容易在下意識裡認為台語在「層次上」低於「國語」。不難想像，在下意識有這種印象的人，使用台語時便會不自在；相反的，操用顯示自己格調的「國語」，則如魚得水。

這種由學校和社會教育而產生的母語自卑感，從台灣人日常生活中的種種表達出來。1999年7月許世楷教授訪美時，曾經敘述一個親身的經歷：有一天在台北，許教授走進一家經常光顧的理髮店，發現店內不僅重新裝潢，理髮小姐也不再講台語，一律改用「國語」與顧客對話；許教授詢問之下得知，老闆企圖把理髮店「高級化」，因此除了裝設豪華的裝潢之外，又規定理髮小姐一律要用「國語」交談，以提高形象。很明顯地，這位老闆的想法是，認為台灣話比「國語」低級，因此用低級的台灣話只能吸引低級的顧客（包括前台獨聯盟主席許世楷教授在內），對其生

意不利。

　　台灣人在社交上，有隨著情境而變換使用不同語言的現象，我們也可從這種行為看到自卑感的作祟。例如，一群留美台灣人聚會時，自由自在地使用台語進行私下的交談，一旦上台或起立講話時，卻反射性地改口使用「國語」致詞。到底這種自發性語言轉換的動機為何？可從一般人社會行為的模式來了解。一般人當身臨「正式」或「公共」場合時，通常會下意識地動員一些社交道具，替自己製造有禮、漂亮、富有、自信、有學問或其他種種有利的形象，讓自己更顯優秀。這些道具可包括化妝、衣著、裝飾、肢體語言、用詞或用語等等。當一個人上台或起立講話時，發言者與其他與會者的關係，無可避免地由「非正式」變成「正式」。因此，這時發生的語言轉換，就和肢體用語、語言用詞等轉變的意義相同，目的在突顯自己的高尚與優秀。很明白地，發言者下意識地認為「國語」是較「正式」的，而台語是「不正式」的，因此選用「國語」來為自己塑造形象。這並不意味當事者一定「意識」到台語比「國語」低級而故意轉換，這是一種下意識裡長久學習而養成的不自覺的自卑行為。在此必須進行一項區別，年輕的一輩，有的台語的確不靈光、無法以台語進行有關技術性或觀念性的發言，但本文描寫的當事者均能流利地使用台語（滑稽的是，「國語」不見得同樣靈光），講話內容的層次也和私下的談話完全無異，唯一不同處是發言者做「正式」發言而已。

　　除了上述的例子之外，尚有類似的社交行為，可再次證明台灣人對母語的自卑感。在社交場合與陌生人搭訕或互相介紹時，一般人通常會習慣性地以較正式的態度表現自己的禮貌與身段。若是台灣人，一開始可能一方或雙方都使用「國語」，等寒暄後，雙方比較熟稔、心情比較放鬆了，才會不知不覺地放下「正式」的「國語」，讓「非正式」的台語脫口而出。當事者並不一定會意識到自己這種轉換語言的行為。一旦被問及時，最普遍的解釋是「我的國語講得比較好」（事實上並不一定如此），再者就是「講台灣話可能有人聽不懂」。後者的解釋非常有意思，台灣話還沒出口就含有歉意，豈不隱含著運用「母語就是不當」的假設嗎？這種台灣人獨有的特徵，顯然是受到生活環境中歪曲的語言教育影響，而形成低度自我評價。與此強烈對比地，則是在美國替電話公司招攬用戶的中國人，他們選擇電話簿中姓名接近中文發音的，撥了號碼就開門見山地以中國話問話，極少先用英語試探「你講不講國語？」當這些人聽到對方回答「不講中國話」後，幾乎從來不會表達歉意。相對於講母語會產生歉意的台灣人，這些中國人對母語的運用有著接近魯莽的自信。

　　若把自卑的行為正當化，並掩蓋自卑的真相，就會令人理直氣壯地從事這種自卑的行為，而不知該引以為恥。有不少台灣人在社交圈裡以台語交談，但在家中則一律使用中國話，其結果是小孩說著流利的「國語」，卻完全不懂台灣話。如此，這些台灣人在毫無外來壓力之情況下，

自動地讓自己成爲使用台灣話的最後一代。如果這些父母
自認是中國人，而決定採用中國話爲母語，則令人無從置
喙，但事實上其中不乏具有台灣意識的人。黃昭堂教授
便曾舉例（世台會講詞，東京，2002），有人高談闊論母語教
育的重要，但當發言者的幼孫出現尋找阿公時，發言者卻
轉身以中國話哄騙，這種言行不一致的現象，令人啼笑皆
非。即使在美國，同樣的現象也不少，有人多年來在國民
黨的虎視眈眈下，仍然熱心台灣人社團及事務，他們雖具
台灣意識，卻不教兒女母語（民族最明顯的辨別記號），實在
是兩個完全不相稱的現象。這種「末代台灣人」的悲劇行
爲確實有檢討的必要。

　　對被統治者來說，統治者的語言確實是有用又必須的
「溝通工具」，不論謀職、公文往來、申請證件都必須用
統治者的強勢語言才行得通，熟練這「溝通工具」，無疑
能強化在社會上生存的條件。台灣父母與他人無異，愛子
心切，寄望其子女將來能出人頭地，因此盡量供給兒女各
項有用的工具（包括中國語、各種才藝），以備來日在學校或
社會上與他人競爭時佔優勢。進一步地檢視，上述「末代
台灣人」不僅深信語言只是「溝通工具」，又一致斷定中
國話比台灣話「有用」。眾所皆知，若袪除了母語之中感
性的「自我認同」的性質，當然只剩下無感性的「溝通工
具」的性質。因此，他們可在沒有感情負擔的情形下再進
一步地推論：同時學習兩種工具（台語與「國語」），不如
專攻單一工具（台語與「國語」）的效果好。於是他們決定

捨棄母語而選擇比較「有用」的工具（中國話）當做家庭用語。這種「實用」論有其正面的道理，然而看看國際上的例子，許多弱小民族獨立或復國後，紛紛捨棄原本大國所使用的語言，而改採母語為主要用語。這些弱小民族寧可捨棄較「有用」的語言而採用「沒有用」的母語，顯然他們選擇「溝通工具」時，考量的重點在於「自我認同」的要素，並不認為競爭力會因此而減退。唯有台灣人必須捨棄「自我」才得與他人競爭生存，豈不是「末代台灣人」的悲劇嗎？

第四節　等待摩西
——把自己的命運放在他人手中

世界名著《灰姑娘》與《白雪公主》之類的童話，以生動的手法描寫弱者如何脫離絕境，這些美麗的幻想令人百讀不厭。這些故事的情節大同小異，不外乎一個善良無助的美女，受到佔絕對優勢的外來惡勢力（巫婆或繼母）的陷害與剝削，在不可能逃離的情況下，奇蹟般地被英俊瀟灑的王子解救，然後過著幸福的生活。這些童話可稱之為充滿「被拯救的幻想」的文學作品。當人們在日常生活中遇到極其艱鉅的困境，也會做各式各樣的「被拯救的幻想」。

先前敘述過的Amanda有意離婚，理智上她明白自己有自立更生的能力，也知丈夫實現其威脅的可能性微小，

但她就是沒有勇氣冒險。裹足不前之餘，只好幻想哪天丈夫會改頭換面，再次變成溫柔體貼的丈夫，與她互敬互愛。這種幻想在「遇人不淑」的女人當中非常普遍，他們不是忽略配偶的劣根性，就是把配偶的惡行當做「一時」的錯誤，又將他偶然的善行當做「本性」看待。如此，她們才能夠繼續忍受虐待，幻想哪天丈夫會恢復「善良的本性」。Amanda不敢冒風險、開拓自己的將來，只好把自己的命運放在丈夫的手裡，等待丈夫由「野獸」變成「王子」。不幸的是，在她的幻想裡拯救她的白馬王子正是虐待她的丈夫，由此可再次看出「被拯救的幻想」──把命運置於他人手中──是無力感的自然結果。

在台灣，四十歲以上的人都曾遭受「政治神話」的洗禮，像「偉大的民族救星──蔣中正」之類的例子。1940年代中國內戰，共產黨席捲全中國，戰敗的國民黨退據台灣。若從中國朝代替換的觀點來看，蔣介石失去江山，即成草寇。但退到台灣的蔣介石政權，巧妙地把失去江山的事實包裝爲「中華民族」的災難，把國民黨與共產黨的鬥爭美化爲「內與外」的鬥爭──是中華民族與蘇俄帝國主義者的鬥爭，更將之宣傳爲人類在「善與惡」之間的掙扎，把戰敗的事實當作惡魔暫時的囂張。

在這幾近絕望的情況下，國民黨運用童話的公式創造了一個救星，然後把他安置在「自由世界的燈塔」裡，這個救星正是戰敗逃到台灣（自由世界的燈塔）的蔣介石。蔣氏在此地領導全島軍民，等待反攻中國的機會，以得驅逐

惡魔共產黨，解救處在水深火熱之中的「中國同胞」。就像其他獨裁政權，國民黨政府以高壓手段建立並維持這個「救星」神話，不容許任何人質疑它的真實性。全島軍民只能「被動地」等待英明的救星蔣介石宣佈機會來臨的那一天。在這政治神話中，加害者與受害者兩者有畸形的混合身份，台灣人既是恐怖政治的受害者，又是拯救加害者的尖兵，所謂「領導我們的救星」更是加害台灣人的首領。這種矛盾的身分給了台灣人自我麻痺的機會：相信自己是「救星的尖兵」而減低身為受虐者的自覺；一旦追隨民族救星解救了「同胞」，那不就完全洗脫被害者的身份了嗎？這種期待奇蹟、民族救星、成為救星的尖兵等等的政治宣傳教育，無疑在台灣人腦裡留下深刻的印象。今日以經濟或民主輸出中國，拯救中國（提高中國生活水準、民主化）而達成台灣自救的誇大妄想，就是依循著這種「救星」政治神話的思維而產生的。

1970年代國民黨政權不僅放棄以武力奪回中國本土的幻想，「民族救星」也老死。如此，民族救星與反攻大業的神話終於破滅。這時，面臨台灣人日漸高漲的獨立願望，國民黨政府開始以中華人民共和國為靠山來嚇唬台灣人，聲稱中國「不准許」台灣獨立，一旦獨立，中國就會出兵攻打台灣。另一方面，國民黨政府又發明「維持現狀」、「莊敬自強」等等口號，欺騙對「台灣獨立」既懷抱憧憬又感到恐懼的台灣人。這招伎倆相當成功，許多台灣人確實不敢突破「現狀」，盲目信奉「維持現狀」以求

自保。不僅如此,他們看不見中國一直在打破現狀,不僅打壓台灣的外交空間,又積極改善軍備,企圖打破兩方的軍事平衡。台灣人希望中國民主化的奇蹟出現,期待民主化的中國不會阻擋台灣獨立,甚至幻想那時台灣人也可能不計前嫌地與中國合併,不必再為獨立冒險與消耗心神。這與Amanda期待丈夫由「野獸變王子」的「被拯救的幻想」有異曲同工之妙。

1994年李登輝總統與司馬遼太郎對談,說出「生為台灣人的悲哀」和以「台灣人的摩西」為己任的抱負,確實讓台灣人感到相當的振奮。這席談話有多層的涵意:李登輝以最具「權威」的台灣人身份,大聲說出台灣人長久悶在心中的感觸,令台灣人藉由他作管道,抒發心中的情感;以他的身份說出感觸,再次證實這感觸的真實性與普遍性;再者,他以中華民國(施虐者)總統的身份說出這些話,等於是公開了原先台灣人隱藏不敢明言的心境與感受;最重要的是,他以權威的地位說出擔當「台灣人的摩西」的抱負,令台灣人感到被拯救的日子已不遠。

1996年總統選舉時,中國以軍事演習與飛彈試射恐嚇台灣人,它的目的無非要嚇壞台灣人,令他們不敢投票給李登輝,因中國相信李登輝是「明統暗獨」,是「台灣人的摩西」。果然不錯,飛彈一發射,台灣股市馬上應聲大跌。可是,李登輝並沒被嚇倒,反而展現台灣摩西的氣勢,領導台灣人面對龐大中國的威脅。他出面振奮國人的勇氣與自信,台灣人不僅馬上恢復士氣,李登輝的聲望也

大幅度提升，於是他在該次的總統選舉中獲得勝利。三年後他發表台灣相對於中國的「兩國論」時，從台灣人興奮的反應中，再一次看到了「李登輝效應」。

可是，這種期待被「摩西拯救」所引起的興奮，並沒有順利轉換成為行動的動力。一時的興奮消失後，就回到等待摩西來拯救的被動地位。由於具有這種等待拯救的被動心理，台灣人對台灣獨立的希望與失望，往往跟著外國政治家友善或敵視的言論而大幅度上下擺動，尤其是美國人的意見，特別顯示出患得患失的心理。1999年美國總統柯林頓訪問中國時，發表關於台灣「三不」的聲明，當時台灣的反應，就是把「自己的命運放在他人手中」的最好例子。根據報導，當時民進黨的邱義仁與洪奇昌兩位政治家曾經感嘆，台灣的統獨問題要讓下一代的人去解決。他們悲情的原因不外認為：沒有美國的支持，台灣獨立是沒有希望的。既然沒有希望就不應該再提，但他們又不願完全放棄台灣獨立的訴求，因此把它推給下一代的台灣人去傷腦筋。

環視世界弱小民族爭取獨立的歷史，卻又是不同的情形。一個民族獨立與否，取決於其民族的獨立意志是否夠強烈與堅定。波羅的海三小國當時面臨了蘇聯派兵越境侵佔的危險，又遭逢美國明言不支持的困境，但他們仍憑著決心與堅定的意志脫離蘇聯而獨立。若是當初他們將自己的命運完全交到蘇聯與美國手裡，今天可能已成為俄羅斯的附庸國了！在2002年才獨立的東帝汶，在爭取獨立之

初，若是他們的獨立意志因強國印尼殘殺人民而崩潰了，即使有聯合國的支持，他們也不可能成功獨立的。

　　公元2000年7月，巴勒斯坦解放組織在美國大衛營（Camp David），由美國主導與以色列談判巴解建國一事，更是個好例子。當時他們談判的內容不再是巴解是否應該獨立的問題，而是談判國家邊界、首都所在地與難民處理問題。不幸和談不成，到2003年6月為止，兩方仍互相廝殺，甚至阿拉法特（Arafat）的總部也被以色列任意地多次包圍而無可奈何。雖然如此，阿拉法特並沒投降，巴勒斯坦獨立建國仍勢在必行，只有何時獨立的問題，再也沒有「應不應該建國」的問題。很明顯地，巴勒斯坦人歷經五十幾年的努力，一直堅持獨立的目標，才能有今天的情況。回顧他們獨立的奮鬥史，可看到他們經歷許多不可能的階段。他們被以色列從巴勒斯坦趕出後，在約旦與黎巴嫩先後遭到同樣的命運，而後輾轉到突尼西亞，當時已有不少人準備替巴解開出「死亡證明書」。不料，它起死回生，回到巴勒斯坦建立「自治區」。巴勒斯坦建國的憧憬一直在美國與以色列「絕對反對」的陰影下，與缺乏國際上有效支持的情況下堅持幾十年。阿拉法特原被美國列為恐怖份子而不准入境，後來終於成為柯林頓總統的座上賓。原本，美國一直反對巴勒斯坦獨立，認為巴勒斯坦的獨立會引起中東動亂。顯然在經過重新評價之後，美國認為巴勒斯坦的獨立是勢必在行，贊助巴勒斯坦的獨立反能促進中東和平，合乎美國利益，因此它才介入。

　　若以上述實例爲借鏡，台灣也必須有獨立的「決心」作爲先決條件，然後自拓生存空間，以讓外國認爲獨立的台灣合乎其國家利益，轉而熱心支持獨立的台灣。美國柯林頓不支持台灣獨立的時代已成歷史，而現在的布希政府顯然在檢討之後，重新調整其中國政策。布希總統公開演講時稱台灣爲「台灣共和國」、增售武器給台灣、重申協防台灣的法案，其屬下也發言指出美國對台灣獨立既「不支持也不反對」。這樣的言論的確能鼓舞人心，使台灣獨立後遭受中國侵略的可能性大幅降低，台灣內部對台灣前途的立場也變得比較堅定。可是，要是來日布希總統變卦，或下任總統對台灣採取不友善的觀點，台灣是否又要再次嘆息「台灣獨立無望」，這完全取決於台灣人是否能擺脫「被拯救的幻想」的心態。

第五節　原罪心理──替他人承擔責任

　　替施虐者的惡行負責任（將責任歸咎於受虐者）是受虐者的適應機制之一。在無法阻擋或逃避外來（施虐者）強大暴力的情形下，常會誤認施虐者的暴行是自己（受虐者）不小心挑撥或刺激而引起的，這是求生本能使然。自我歸咎（selfblame）會刺激受虐者動員潛在的能力，盡量改變自己的行爲，以減低或預防受虐的機會。自我歸咎又令受虐者撿回一些「主宰」自己命運的感覺。

　　認爲「自己是導致問題產生的主因」的這種思考方

式，是一種原始的因果觀念，也是幼兒成長過程中必經的一個階段。在這個階段中，幼兒認為週遭事件的發生都是自己的行為或思想所引起的，因此有的小孩會誤認父母的離婚是自己不乖的後果，或把兄弟姊妹犯錯的原因歸罪於自己的嫉妒心。其實，即使成人在心理上也有這種原始因果論的想法，例如一般人常會將無法預測或控制的意外和災難加上特殊的意涵（惡行的報應、神明的考驗等等），以減低受到創傷的痛苦、沮喪和無助感。而施虐者本就善於將自己的惡行歸罪於受虐者，認定施虐是受虐者的「挑釁」而引起、或受虐者「罪有應得」。由於施虐者具有武力優勢，這種解釋具有相稱的權威。因此，在外來壓力與內在需要下，受虐者容易全盤接受這個被指定的責任：受虐者認為施虐者的情緒或行為是自己「挑釁」而起的；認為自己不夠好，施虐者才會生氣；或埋怨自己缺乏先見之明。有些受虐者在脫離虐待關係後，心理上仍祛除不了受虐的傷痕，而留有自我歸咎的人格特徵。這種人常有不惜犧牲自己的權利、福利與尊嚴來取悅他人的傾向；害怕他人對他生氣，常常是抱歉的專家；過分體念他人，一見他人不悅，不分青紅皂白就視「安慰」為己任。

　　台灣人與其他極權政權統治下的人民一樣，也有這種「自我責備」的心理適應機制。國民黨政府毫無法治精神，被情治單位逮捕不會有翻身的機會，受其屈打成招的政治犯不計其數，其中有許多人受不了刑求而「承認」情治人員編造的罪狀，也有不認罪但仍因情治單位捏造證據

而下獄的，其間絕無公正的法律途徑可證明受難者的清白。在這種極權統治下，人民一旦不幸被捕，除動用紅包、請人說項外，只有無可奈何地任人擺佈。案件的內容是否真實，一般人民無從知曉，唯有從道聽途說或公式化的新聞報導中領會保身之道，自我告誡千萬不要重蹈他人覆轍。如此，無形中使台灣人產生責備受害者的思考方式，要是有人被逮捕或判罪，與其思考受害者是否有罪，倒不如猜測受害者如何得罪國民黨。這種猜測的想法是為了叮嚀自己如何能避免麻煩，但也會驅使「準受害者」（一般民眾）對受害者產生扭曲的評價，怪罪受害者因為自身的不謹慎才會遭殃，或是「明知故犯，自求其禍」。這種歸罪於受害者的心態有兩個目的：第一是跟受害者劃清界線，以保安全；第二則藉由指責受害者的行為，表明自己和加害者屬於相同的陣營（安全的身分）。從二二八受難者家屬的口中可以知道這種歸咎受害者心態的作祟。在日本時代，周煙過於幼年時隨父母從中國移民台灣，以製作豆干為業，二二八時被捕殺，理由不明。其弟周塗生出生於台灣，兄死後，他受不了被中國校長和老師冷嘲熱諷，不得不輟學，同時尚必須接受警察定期的盤查。不僅如此，許多民眾對於其兄長受難之事的看法竟是：「老百姓那麼多，為什麼政府不打死別人，卻打死你大哥？必定是因你大哥做了歹事。」更令周塗生感到深深的羞恥[23]。

---

23 張炎憲等，《台北南港二二八》（台北：財團法人吳三連台灣史料基金

與此如出一轍地，戰後高一生任阿里山鄉鄉長，是「南京致敬團」團員之一，不幸在50年代被誘下山，與多位原住民被誣爲共產黨而遭到槍殺。高一生當時仍是小孩的兒子高英輝時常受到侮辱，常聽到他人稱他父親爲「高匪一生」。[24]這種情形正是「準受害者」認同加害者，而對「受害者」的同胞施以第二層的迫害。[25]與這種情形相輔相成的，是台灣人接受學校和媒體教育，學習歸罪受害者的思想公式。在這公式下，凡是言行與國民黨相左或主張台灣意識的人，常被貶低爲心胸狹窄、無法容納他人、格調不夠、堅持地方主義等等，再者即是被指稱製造糾紛與分裂、挑撥族群的敵對、思想含有台獨毒素等等。如此，台灣人被訓練而養成的思想，避免觸及上述課題，以免被人（或被自己）冠上製造族群敵對、思想中含有台獨毒素等罪名。

雖然現今國民黨已垮台，台灣人民也已脫離受虐環境，但台灣人民仍對「前施虐者」保有依附（bonding）之心，以致當見到對施虐者產生威脅性的行爲時，除了同情施虐者之外，還會痛斥或貶低挑戰施虐者的人。例如2002年底的台北市長選舉，李應元與馬英九辯論會中的叩應節目裡，便有台灣人婦女憤慨地指責李應元「不當市長難道

會，1995），頁27-40。

24 張炎憲等，《諸羅山城二二八》（台北：財團法人吳三連台灣史料基金會，1995），頁155-184。

25 施虐者的直接迫害是第一層迫害。

會死嗎？」這短短幾句話便道出多層的意義：第一、對這位婦女而言，李、馬的政見如何，她根本不感興趣，她指責李應元參選是爲私慾（不當市長會死），只是跳出來擾亂（動機不良、動搖馬英九連任的機會）而已。這完全是國民黨政權所採取的道德高原（moralhighground）姿態，這位台灣婦女將之「內在化」，才會指責李應元參選。

即使在遠離台灣，僑居美國多年，不再接受國民黨統治的台灣人當中，仍然可看到類似的想法與行爲。例如，自認爲「台灣人」的同鄉在社交場合，被交談對象指爲「我們中國人」時，雖然心裡感到不舒服，卻不曾挺身糾正對方的錯誤。私下他可能會自我解釋，「糾正」是不必要的動作，只要自己清楚自己是誰就行了。他顧慮對方可能會不悅，認爲沒必要破壞融洽的氣氛，更認爲糾正對方反而顯示出自己的器量小，只在意識形態上打轉。這些考慮頗有道理，只是完全無視一個事實，即對方根本沒有考慮到許多台灣人並不自認爲中國人，對方更沒顧慮到草率稱呼台灣人爲「中國人」，會破壞與台灣友人的融洽氣氛。因此，可看出台灣人漠視他人對自己的不尊重，願意犧牲自己的尊嚴與權利，遷就對方的喜好，這也是認爲自己該對施虐者的喜怒和行爲負責的一種表現。

這種認爲自己該替他人行爲負責的心態，也表現在台灣與中國的關係上。爲了生存，台灣力求外交空間，希望加入各種國際組織，並增強國防實力，儘管這些行動都是防衛性的行爲，對他國完全沒威脅。可是，台灣有一些政

客，不但不指責中國的侵略性行為，反而責備台灣政府不應該企圖加入聯合國或TMD等國際組織，以免引起中國的震怒，這種指責很明顯是要台灣替中國的侵略行為負責。很清楚地，這些言論大都出於統派人士口中，他們企圖壓抑台灣的自衛能力，以利中國併吞台灣。他們也知道台灣人有替他人的喜怒負責的病態，因此一而再、再而三地施展同一伎倆，企圖達到他們的目的。

即使是為台灣主權奮鬥的人士，也不一定能完全排除這種心態的作祟。公元2000年中，高雄市長謝長廷要與中國進行國民外交，他以高雄市長的身份計劃邀請中國廈門市市長互訪，在這期間，傳出他認為「廈門與高雄是一國兩市」的媒體報導，一時全國譁然。其後根據媒體報導，謝長廷在9月7日接受電台訪問時曾說民進黨「不排除統一」，再次引發黨內對他的圍剿，與罷免民進黨主席的騷動。[26]謝長廷的言論是否有高深的政治動機，不得而知，但這兩次談話中所表現的思想模式則讓人一目了然。在「一國兩市」的事件中，既然要與中國的廈門市長互訪，向對方表達善意是理所當然的，但若「一國兩市」意指「中華民國」的高雄和廈門兩市，想來廈門市長絕不會將之視為善意的表現，而同意以「中華民國廈門市市長」的身份訪問高雄。較可能發生的情形是，台灣的高雄市市

26　在此之前，陳水扁總統於9月2日接受《紐約時報》的專訪時，曾指出「統一不是唯一的原則」。

長渴望與中國的廈門市互訪，而一時「忘記」高雄並不屬於「中華人民共和國」。後來，謝長廷提出所謂廈門屬於中華民國的辯解，不過是挽回失言的企圖而已。由此可看出，高雄市長為了取悅廈門市長，無意中犧牲了自己的尊嚴。再者，陳總統認為「統一不是唯一的原則」，顯然是要突破「非統一不可」的金剛箍。如果這是總統的「失言」，也應由總統府來收場，但民進黨主席謝長廷卻又將之延伸為「不排除統一」，話一出口，他又立刻受到黨內的圍剿。儘管謝長廷認為他的解釋與陳總統的邏輯相同（不排除各種可能），但仍然無法掩蓋其取悅中國的事實：[27]為了取悅中國而失言，發表傷害自己國家主權的言論。2002年台灣國內呼籲台灣護照的英文名字改為Taiwan Passport，外交部先答應後又變卦，辯稱改名會令「中國不悅」，這種以犧牲國家主權來取悅中國威脅者的行為，和取悅施虐者的行為是一模一樣的。

27　中國國台辦曾發言表示，民進黨若不改變台獨黨綱，便不與其接觸。

【第六章】

虐待關係中的

「腐化文化」

可能有人聽聞過剛遭受丈夫毒打的婦女，轉身若無其事地替丈夫做午餐的異常行為，不僅讓外人不能諒解，即使受害人事後也可能會自責。實際上，這是受害者在無助又恐懼的情況下，嘗試與加害者建立「人性」關係以求生存的自保行為。這種行為所傳達的訊息是，受害者「認知」到加害者有絕對的優勢力量，而不向其抗議或挑戰；爾後進一步地把加害者與其惡行分離，並袪除自己為受害者的身分（超然化），然後再向加害者表達「人對人」的關懷。其目的是期待加害者能以他的「人性」回報，不再對受害者做出更進一步的迫害。這種「討好」加害者的行為，可說是加害者與受害者之間腐化關係的基本形態。

邪教組織的成員、政治人質或受綁架的人質，便有可能會與其加害者產生與上述類似、但更複雜的關係。1973年在瑞典Stockholm發生一件銀行搶劫案，案發當時，搶匪綁架四個銀行職員作為人質，又要求當局釋放服刑中的一個囚犯到銀行與他會合。這名搶劫犯一方面恐嚇、虐待人質，另一方面也陸續地對人質施小惠，同時他也又揚言在不得已時，不惜殺害人質。經過五天半後，他們終於向包圍的警方投降。這整個事件中令人覺得意外又驚訝的是，那四位人質在被拯救前後的行為，他們與綁匪合作無間，又對之關懷不已，允諾事後繼續支援，反而對拯救者的警方抱持敵意。

這個案件顯示，人質與外界隔離，無法逃走，持續受到威脅與侮辱，在自料可能被殺的情形下，基於和他人建

立人際關係的心理需要，不知不覺地逐漸依附（bonding）
綁架者。在這種情形下，若受害者又受到綁架者陸續的恩
惠，除了增進對加害者的依附與好感外，更進而採信綁架
者的動機、信念與宗旨，而與加害者形成一個互相依賴的
關係。這種現象就是有名的Stockholm Syndrome。

　　對加害者所形成的依附心理，在脫離險境後不一定會
消失。上述人質在獲救後仍與綁匪保持聯繫，幾個月後兩
位女性人質更與綁架者訂婚。與此類似的，則是另一個發
生於美國的著名實例。1974年新聞業泰斗的女兒Patricia
Hearst遭到恐怖份子Symbionese Army綁架為人質，被監禁
了18個月，其間她被強姦、羞辱，又被「再教育」。後來
她持槍參與搶劫銀行時並沒趁機逃走。不僅如此，在主腦
人物與警方槍戰喪命後，她也沒出面投降，反而與殘黨逃
亡到被逮捕為止。這種行為也是上述的心理枷鎖作祟的結
果。

　　類似情形也屢見於男女關係裡的受害者。他們大多是
因愛情而結合，有的虐待行為在愛情關係開始時就發生，
這時受虐者（通常是女方）仍沉醉於愛情中，常以否認或淡
化虐待事實來自我欺騙。她們運用種種藉口替男人脫罪，
又期待「時間」終究會改善一切。日後，當有機會逃離
時，卻受到無形的心理枷鎖羈絆而不敢逃離。被虐待的女
人在恐懼、受虐、羞辱、貶低中，也間斷地感受到施虐者
的柔情、關懷或讚賞，這些恩惠就成為受虐者精神力量和
價值的來源。在過程中，受虐者甚至會逐漸採信施虐者的

價值觀與世界觀。對受虐者來說，缺乏施虐者的世界會變得迷濛、空虛、毫無意義與價值。因此，不少受虐者不顧親友的苦勸，仍重複嘗試與施虐者「破鏡重圓」。

在虐待關係中，受虐者學會察顏觀色的技巧，熟練必須的迴避動作，又運用必須的言辭，投施虐者之所好，得以躲避或減輕受虐的痛苦，更可利用受虐來與施虐者做利益的交換。如此，時間一長，受虐者可能會產生錯覺，誤認自己對施虐者具有影響或控制力；同時又會將施虐者的價值觀與在受虐環境下採取的適應行為，不知不覺中融匯於自己原本的價值觀當中，以致日後遠離受虐環境後，仍依樣畫葫蘆而不能自拔。台灣人在國民黨統治下所養成的腐敗文化，在台灣人對中國的依附心結、中間路線、中間選民與紅包文化等現象之中清楚地呈現出來。

第一節　受虐者台灣人的中國結

一、國民黨中國信條的演化──依附心態的種種面相

這一節所要討論的，不是漢族台灣人在文化和人種上對中國的情結，而是針對台灣人以受虐者心態，對國民黨政權所產生的依附心結（Bonding）。台灣人經過二二八事件的屠殺後，中國夢破滅，自信心也完全瓦解。在隨後而來的恐怖統治下，資訊和言論受到嚴格的管制，與外界幾乎完全隔絕（尤其在初期），台灣人戰戰兢兢過了幾十年的封閉生活。在這種典型受虐的環境下，台灣人也像其他受

虐者一樣，基於依附的心理需要，或多或少地會仰賴國民黨（施虐者），接納並信奉其灌輸的信條。在這種「依附」的心態下，台灣人失去「自我」，只知透過國民黨的觀點——國民黨的中國信條——來看中國與台灣，批判台灣自我的尋找。採信了這些信條後，便在思想上留下既定的思考模式。

(一) 台獨＝共匪＝美日帝國主義＝美日不支持＝心胸狹窄？

1949年中國內戰落幕，國民黨政權敗退台灣，這時他們的處境、心態與行為完全是三百年前鄭成功的再版。與鄭成功同樣地，國民黨也開發台灣資源，準備反攻奪回江山，帶部屬回中國老家。因此，對國民黨政權來說，台灣不再是剝削的戰利品，而是避難所與反攻中國的基地。原具輕蔑性的「台灣人中國化」政策，現在則產生鞏固政權安全的功能。愈中國化的台灣人，會愈效忠國民黨中國，愈效忠的台灣人就成為更可靠的資源與安全保障。

雖然台灣人反抗國民黨的二二八事件發生於國民黨被共產黨推翻之前，但對退據台灣的國民黨政權而言，這兩者的效應相同，都是威脅生存的事件。所以，可了解為何國民黨常將兩者作同樣的處理，又灌輸台灣人同樣的思想。經由國民黨中國的觀點，對台灣人（尤其在國民黨治台初期）而言，台灣獨立運動（美日帝國主義的走狗）與中國共產黨（蘇俄的走狗）都是敵人。在國民黨眼中，台灣獨立

運動者常混有中國共產黨和「國際帝國主義者」的身份。例如，余登發與黃信介雖在不同年代被捕，並以叛亂罪判刑，但國民黨對他們羅織的罪名卻完全一樣。余氏與黃氏同樣被指控利用「匪諜」，透過日本與中國聯繫，計劃推翻國民黨政權，準備在中華人民共和國的旗幟下擔任台灣主席之類的職位。當然，在目前的國際情勢下，沒人會相信「台獨」等於「共匪」的鬼話。

　　國民黨矮化台灣獨立運動的理念，但卻認爲它的行動是國際性的。在國民黨中國的觀點中，中國意識是全面性的，有寬廣的歷史視野；而台灣意識是局部的、地域主義的、分離主義的；台獨人士性格不平衡，是極端分子、投機份子，而且是數典忘祖的民族罪人。除此之外，又宣稱台獨是恐共而引起的，是中產階級維持利益的運動（不是真正的獨立運動）。經由國民黨中國的宣傳，台獨挾美、日以自重，仰賴美日外來勢力的參與（國際化）；可是它又自我矛盾地指控台獨違反潮流，不切實際，美國與日本不會支持。依照國民黨中國的邏輯，即使台灣獨立後也會成爲日本的殖民地，再不然台灣的經濟也會被美國控制（獨立不可能論）。

　　台灣人出身的名作家陳若曦就是這種國民黨中國信條的受害者。她在《歸》[28]這本小說中對台獨人士的形塑，完全依照國民黨政權製造的模式。《歸》並不是在國民

28　陳若曦，《歸》（台北：聯經出版公司，1978）

黨統治下的台灣完成的，而是作者處於國民黨陰影籠罩不
到的國外自由表達出來的，顯示雖有自由身但心靈仍然執
迷於施虐者的信條。《歸》中的主角新生（重生的中國人）
有幾個在台灣結交的朋友（台灣人），其中魏明（理智未明）
是個台獨分子，他家本是地主，三七五減租後家道中落，
因此痛恨國民黨而從事台灣獨立運動；但是他在台獨運動
銳氣大減後，到了中國搖身一變成為一個大左派，一個如
此卑鄙、沒有原則的人，連新生與其妻辛梅（新的中國人）
都唾棄他。另一個台獨分子楊義勇，也因父親在二二八事
件中被殺而想要報仇，雖然他沒變節，依舊從事台獨運
動，但後來也成為台獨運動中的左派分子。很明顯地，陳
若曦眼中的台獨運動是私人恩怨、以報仇為出發點的低級
行為，台獨人士在人格上也大有問題（就像魏明）。不僅如
此，她認為台獨沒有前途，因此連有骨氣的楊義勇也無法
避免思想左傾（思想「祖國」化）。

　　與此類似地，在美國的台灣民主運動過程中，以前也
可以看到這種情形。以前的民主運動在表面上必須和「台
獨」劃清界線，以求得恐懼台獨的台灣人的支持。不過，
有些民主人士私下對於台獨人士也有類似的警戒心，他們
擔心台獨極端分子參與民主運動，會破壞其「溫和」的形
象；他們擔憂一旦台獨份子參與，民主運動就會被其控
制，台獨人士被視為激烈分子、心胸窄狹、不能與他人合
作的集合體。在這種排斥與警戒的心理下，一旦組織內部
意見不和，不管實際情形如何，自然地會以敵（極端又心胸

狹窄的台獨）我（心胸廣大的非台獨）的思考方式來應對。

（二）中國本土才是中國，台灣人必到中國本土才能脫胎換骨成爲中國人？

在國民黨中國的想法中，唯有產於中國本土或以中國本土爲本位的文物才是「貨眞價實」的中國文化。因此，採信這種觀點的台灣人，就覺得非到「大陸」去，不能成爲「貨眞價實」的中國人。在陳若曦近乎自傳的小說《歸》當中，辛梅就如此滿懷熱情地投奔「祖國」去了。但她並沒被祖國擁抱，反而受到冷落與猜疑，辛梅察覺到中國人對台灣的敏感，而謊稱自己是福建人。雖然她與吳濁流屬於兩個截然不同的時代，但他們在中國的遭遇卻如出一轍。

吳濁流《亞細亞的孤兒》[29]中的胡太明，當不成中國人後回台發瘋，變成精神分裂的台灣人。但陳若曦《歸》之中的辛梅則選擇了不同的歸宿。新生與辛梅這對夫婦對祖國（中國）大失所望後，考慮是否要逃離中國。後來新生決定留居中國，甘願犧牲自己的幸福而「讓他們（孩子）成爲百分之百的中國人」。很明顯地，陳若曦知道像她這樣的台灣人，無法成爲百分之百的中國人，只有在子女身上（自我的延伸）才能兌現這個願望。不僅如此，她認爲只要能成爲中國人，任何犧牲都無所謂，《歸》中的新

---

29 吳濁流，《亞細亞的孤兒》（台北：遠景出版事業公司，1980）

生說：「他們的將來可能不是我們所理想的，但有什麼關係呢？…」這個「不剝奪孩子的祖國」的動機，聽起來滿冠冕堂皇的，但與其說是為孩子著想，倒不如說是父母私慾（希望當中國人）的浪漫幻想。結果，在這樣的安排下，小說中的新生遭下放後賠上一命，但其遺孀辛梅卻沒因丈夫喪命而變卦，仍決心留居中國，養育孩子成長為中國人。從這裡可看出，陳若曦下意識裡認知唯有自我犧牲、袪除台灣特性，才能成為百分之百的中國人。幸好，事實並沒這麼淒慘，陳若曦全家逃離中國、經加拿大到美國，後來她回到台灣。

（三）一個世界一個中國＝兩個世界兩個中國＝一個世界兩個中國＝一個世界那一個中國？

　　蔣介石佔台初期，台灣人生活於蔣政權營造的世界中，這世界的構造簡單又敵我分明，在台灣的中華民國是世界上唯一的「中國」，另一方只是竊據「大陸」的「共匪」和「民族罪人」。不過這世界觀的壽命並沒多久，首先許多共產國家承認了「中華人民共和國」，對此，蔣政權則以「漢賊不兩立」的政策因應，與這些共產國家斷交，而製造了另一個互不往來的「共產世界」，「共匪」就隱藏其中。另一方面，中華民國則在與「共產世界」絕緣的「自由世界」中，繼續維持其唯一「中國」的假象。然而「自由世界」裡的國家也開始逐漸和「共匪」建交，由於國民黨政權仍然堅持「漢賊不兩立」的政策而和這些

國家斷交，它就在自己的「自由世界」裡逐漸被孤立。隨後「共產世界」的中華人民共和國於1971年加入聯合國，取代中華民國的地位而成為國際社會中的「中國」。不僅如此，「自由世界」的領袖國家——美國於1979年和「中華人民共和國」建交，又和「中華民國」斷交，頓時「自由世界」和「共產世界」間的圍牆完全崩塌了，在這二而合一的新世界中，中華民國反而被推到國際舞台的邊緣。如此，「中華民國」不僅不再是「中國」，甚至連是否是個「國家」都有疑問了。甚而有之，原本蔣介石所堅持「漢賊不兩立」的遊戲規則，開始由「中國」的正統——「中華人民共和國」——來主導，凡是有意願和「中國」建交的國家就得和中華民國斷交。中華人民共和國也逐漸學會如何阻擋台灣的「中華民國」立足於國際組織之間，致使「中華民國」的名稱更喪失了國家的含意。在同一段時間，國民黨政權也不動聲色地改變台灣人對「共匪」的觀念，把「匪幹」改稱「大陸官員」或「大陸領導者」，把「匪區」稱為「大陸」或「大陸政權」，中華民國與「共匪」之間就變成了「兩岸關係」或「台灣與大陸」的關係，因此「中華民國」也變成兩岸間的「一岸」或「台灣」而已，喪失其國家的色彩。

當「中華民國」這個名詞在國際上逐漸喪失國家的意義時，台灣的國民黨政權也警惕到自己在國際上的孤立，而想盡辦法希望重返國際社會。由於它不願以新國家的名義進入國際社會，只好以各種非國家的名

稱企圖躋身於世界各國之間。它在國際上的身份多采
多姿，包括"Republic of China on Taiwan"、"Republic of
China、Taiwan"、"Chinese Taipei"、"China on Taipei"、
"Taipei,China"、"TPKM"（台澎金馬），甚至最近的「台灣
公衛實體」（Taiwan Public Health Entity）等等。它有時能幸運
地以非國家身份參與國際活動，但是遇到堅持以「國家身
分」為會員資格的國際組織或活動時，用「中華民國」或
非國家名稱的台灣就被認為不是「國家」而被拒於門外。
這種務實外交的問題很明顯，它在無意中向國際和國內傳
播一個理念：「中華民國」是不存在的，同時，台灣並不
是個「國家」。這也就令認同「中國」的人毫無疑問地把
認同對象從「中華民國」轉移到「中華人民共和國」。所
以可了解，為何當「中華人民共和國」的官員訪台時，認
同中國的人就趕緊收藏既非國家更非中國的旗幟——「中
華民國」國旗——而讓中華人民共和國的國旗飄揚。

國民黨政權不但繼續改裝或修飾舊信條，更創造新信
條來對付國內的民眾。它首先把具有攻擊性的「反攻大
陸」信條，以「三民主義統一中國」掩蓋後，再換上「民
主統一中國」及「民主救中國」的信條。這些信條雖然喪
失了原有的攻擊性，但仍然保持著「要」統一中國的姿
態，依附心強烈的台灣人仍容易信奉這些經過修飾的信
條，甚而變成這些信條的積極支持者。

（四）以不變應萬變＝處變不驚＝莊敬自強＝保持現狀

　　國民黨政權從早期開始，便向台灣人灌輸「保持現狀」的信念，以對應其虛幻世界逐漸崩潰所引起的不安。剛開始時並沒有「保持現狀」這名詞，蔣介石首先想出「以不變應萬變」的辦法，然後經由「處變不驚」轉變爲自欺的「莊敬自強」。「保持現狀」的原始意義和後來的不盡相同，指的是在「暫時」的客觀環境中所持的妥協態度，它仍舊維持「積極統一中國」的含意。在這大前提下，想挑戰國民黨政權而「破壞現狀」的，就等於是破壞「統一」中國大業的罪人，國民黨政權以情治單位和御用輿論做無情的懲罰和制裁。蔣經國時代在國際情勢逆轉之下，放棄了「統一中國」的攻勢，而改採守勢的「三不」政策（不接觸、不談判、不妥協），得以和「中華人民共和國」劃清界線又保持距離，來「維持」兩個國家的「現狀」。位居弱勢的國民黨政權巧妙地將這守勢轉變爲國民黨政權繼續在台灣生存的理由和意義，透過宣傳，將有可能取代它的反對運動冠上危害台灣安全的罪名，它以「維持現狀」的觀念，把維持國民黨政權和維持台灣安全畫上等號。當國民黨政權下台後，則退而求其次，以維持中華民國體制爲訴求。在這個過程中，原來的外在敵人——中華人民和國——反而成了「中華民國」和國民黨政權信條的維護者，這些信條的延伸就是「台灣追求國家定位，會損傷兩岸關係，並不符合台灣的國家利益」，如此，「保持現狀」的號召成爲阻擋內部求變的擋箭牌，是「不要刺激中國」的同義字。

　　李登輝接任總統後開始「打破現狀」，於1991年廢除〈動員戡亂時期臨時條款〉，他明文向國人宣佈，在台灣的中華民國單方面終止與中華人民共和國的敵對狀態，捨棄了統一中國（消滅中華人民共和國）的信條。經過幾次修憲，表明中華民國的領域不與中華人民共和國重疊，逐漸畫出兩個互不相干的國家輪廓。可是另一方面，他仍舊依照國民黨政權「統一中國」的信條，設置了國統綱領和國統會等等，擺出「希望與中國統一」的姿態。雖然兩方都認為中國只有一個，不過各自堅持己方才是中國，認知這個異議的存在就是所謂「一個中國，各自表述」的九二共識。

　　事實上，上述的口號不過是國民黨政權不願被中國馬上併吞，但卻又不願撕破臉而研擬的含糊說辭而已，但對有些人來說，它卻又成為另一個信條，並把它拿來當做人際關係的思考模型。彭蕙仙所寫的〈幸福光〉（中國時報，2001年1月29日）中有一段「愛情兩國論」：

　　　　其實，任何一樁戀情應該都是以尋求和諧、身心的契合為目標，就彷彿是兩岸政治以統一作為前提之下的「一個中國，各自表述」一般，愛情裡的歧見往往也是邁向一致的過程中，必要的元素吧。

　　　　試想，如果海峽兩岸之間沒有一中模糊且容許各說各話的空間，很多事情或許便只能一翻兩瞪眼，是非立現。許多問題（包括愛情在內）當下並沒有現成的答案，總要依賴協

商、互動，探索彼此的空間與極限，從而找到可能的應合之
道。…

　作者的主要目的是勸導「相愛」的男女，容許各說各
話的空間，以協商達到兩人「結合」的目標。但爲了加強
她的愛情論點，她竟把台灣和中國「統一」視爲愛情「結
合」的模式，而把「一個中國，各自表述」當做理想的行
爲模式，勸導男女相互借鏡以得「永浴愛河」。一旦信仰
這愛情論的人有一天思考台灣和中國的關係時，就可能以
這套愛情論反過來套用在台灣與中國的關係問題上，摧毀
台灣爲主權獨立國家的信念而不自知。

　（五）中國＝大陸，台灣＝中國邊疆＝中國離島？
　國民黨向來認爲台灣是中國的「固有領土」。在教育
與媒體宣傳上，它把台灣的歷史、地理和生態和中國連
接，製造兩者不可分離的印象。同時，又將台灣的文物邊
緣化，又特別把台灣加上「省」字而「行政地區化」，這
在台灣人的觀念和行爲上仍留著顯著的烙印。在國民黨統
治時代，台灣民間團體或產物必定冠上「台灣省」三個字
以表明從屬於中國的地位。今天上述壓力已消失，許多團
體或產品都改以「台灣」兩字作爲名稱的開頭，但在國
外仍可看到「台灣省，ROC」的商品。不僅如此，口喊
「台灣主權獨立」或「中華民國是主權獨立」的人中，
仍有不少不自覺地說出到「大陸觀光」的話，沒意識到使

用「大陸」兩字的行為其實隱藏著「台灣為中國離島」的觀念，也不覺得它與「台灣是主權獨立國家」的觀念發生矛盾。若要到中國觀光時，日本人或菲律賓人會說：「到『中國』旅遊」，他們絕對不會說：「到『大陸』觀光」，會如此說的，唯有台灣人。因此，當台灣人脫口說出「大陸」時，在觀念上已被中國「統一」了。在日常生活中，台灣人仍有數不盡的習慣用語直接或間接表達了「台灣屬於中國」的態度而不自覺，像「我們不要被中國統一」、「要是被大陸統一就慘了」等的話語，就是由中國眼光來看中國併吞台灣的行為。所謂「統一」其實指的是中國「統合」國內分裂的地區，而不是指中國併吞掉「主權獨立」的台灣。

二、依附關係和力量平衡的演變

若是在受監禁期間中對施虐者產生了依附心，即使其監禁期間非常短暫，在被解救後，仍然可能迷戀施虐者而不能自拔。Stockholm搶案中的搶犯向警方投降時，被綁架的人質卻保護搶犯，以免搶犯被「壞人」——警察——傷害。事後，「原」人質對搶犯允諾要支援，並且與之保持聯繫，其中甚至有二個女性人質與搶犯訂婚。與此類似的情形也發生在先被Symbionese Army綁架、後加入匪黨的Patricia Hearst身上，她在黨魁喪命後追隨餘黨逃亡，在被捕服刑期間迷戀了獄吏，出獄後轉而熱戀保鑣，並與之結婚。顯而易見的是，她並不願離開有施虐者信念的世界，

但被逮捕而不得已與施虐者的世界分開後，Patricia Hearst 喪失了施虐者所灌輸的價值系統與活力來源。因此，在新的價值系統還沒建立之前，象徵「安全與威權」的獄吏和保鑣正好填補了這個空缺。我們身邊也有不少類似的實例，在台灣仍受國民黨嚴格控制的時候，有些台灣人出國留學，在慶幸脫離獨裁國民黨政權的瞬間，也失去國民黨所灌輸的精神糧食。因而在沒適應西方自由價值系統之前，反射性地投奔那幻想中的「偉大祖國」。這和 Patricia Hearst 的行為完全一樣，失去依附者後，再次「依附」另外一個新的威權。這些人中有些比較幸運，也得經過多年的折磨，才能清醒而逃出惡夢的中國。

　　從台灣目前眼花撩亂的政治生態中，我們可看出脫離受虐者角色的困難。當前執政的是本土的民進黨，僅從這點看來，台灣人確實已脫離受虐者的角色，可是它卻繼承了施虐者（國民黨政權）的價值系統（體制）和大批殘餘的價值捍衛者（官僚和民意代表）。這些價值捍衛者（特別是民意代表）的叫囂行為顯示他們儼然依舊當政的態勢，強求新政府官員公開表演對施虐者信條效忠的象徵性行為。受到這種壓力，新政府官員一時措手不及，而有唱「國歌」或自稱「另類中國人」等的演出。這些行為與先前在國民黨專制統治下典型的順從反應完全雷同，在還沒發展出新的對應方式以前，依照習慣而做出受虐性的取悅行為，這也顯示台灣人還沒完全脫離在國民黨統治下所養成的受虐者心態。

　　自從國民黨中國統治台灣到現在，台灣人作爲受虐者的角色不斷在變化。國民黨統治初期，不少台灣人對之依附與效忠。同時，在台灣的「中國人」也掛上「外省人」的名稱，表面上成爲台灣人的「同胞」。但實際上，台灣整個政治體制牢握在期望反攻中國的「外省人」——中國人手中，台灣與台灣人不過是「外省人」反攻中國的資源而已，兩者之間有清楚的主僕關係，所謂的效忠也是建立在這層關係上。於1960到70年代，國民黨終於逐漸認清反攻中國奪回江山的願望是不可能實現的。但理智上的認知並不一定表示感情上的接受。他們除了無意投降之外，更幻想中國共產黨有一天會崩潰，因而打算在台灣久居，等待那天的來臨。在這種心態下，他們堅持中華民國的存在與反攻中國的主張，以「三民主義統一中國」的謊言來代替武力反攻中國的口號。他們自認擁有台灣的所有權，又不承認台灣人有決定台灣前途的權利。受到高壓統治的台灣人，也套用這套思考模式來考量台灣的未來。

　　然而在時代的衝擊下，台灣人與國民黨政權的關係也不可避免地隨之變化。由於台灣經濟的發展，擁有經濟能力而加入地方勢力競爭的人士逐漸增加，因此國民黨逐漸失去其對地方勢力競爭絕對控制的能力，原來只聽命於國民黨的地方人士也就逐漸成爲特殊利益（黑金）安撫、拉攏的對象。不僅如此，在民主與人權逐漸伸張的世界潮流中，國民黨也逐漸喪失它無所顧忌、迫害反抗人士的合法性。在1970年蔣經國訪美時受黃文雄行刺，次年中華民國

又被逐出聯合國。顯然受了這內外衝擊的啓示，蔣經國在1972年當上行政院長後，開始提拔台灣人進入國民黨政權的權力結構，以之鞏固國民黨政權對台灣的控制，這是台灣人成為國民黨政權「初級夥伴」（Junior Partner）的開始。謝東閔和李登輝相繼被拔爲副總統的事實，可說是這時期最具代表性的象徵，也是國民黨中國和台灣人關係的轉捩點。1988年蔣經國在還沒指定繼承人之前便去世，總統職位不得不由副總統李登輝接任。在這個國民黨政權權力真空的時期，李登輝只不過被視爲過渡性的角色而已。但出乎意料之外地，李登輝運用他的智慧、魄力和政治資源，在分裂爭權的國民黨政權中鞏固了他的總統職權。他施展抱負，善盡民主鬥士的努力，廢除臨時條款，又以收買的方式達成了萬年國會代表的退職等等。他推行民主制度和本土化政策，使台灣人在國民黨政權內的地位更上一層樓，成爲「外省人」的同等夥伴（Equal Partner）而與之互爭「既得利益」。不過，這個角色和力量平衡的演變畢竟仍是在國民黨的中華民國體制下演化的，原是這個體制及信條下的受害者——台灣人，現在卻躋身於其最高代表者和執行者的行列，因此它的體制和信條也就成爲其爭奪「既得利益」的工具。如此，加害者與受害者身分的界線模糊了，在民進黨當政後，這個演變便顯示出矛盾。

在統治者與被統治者身分界線逐漸模糊不清的情形下，李登輝不時送出忽統忽獨的矛盾信號，又於1999年7月對德國記者說出「台灣和中國是特殊的兩國關係」。他

這兩個獨立「中國」的觀念，與以前「一個中國、兩個政權」的架構不同，同時也是國民黨政權的最高層的最高領袖，質疑其最神聖信條的現象。在野的「民進黨」也於同年通過〈台灣前途決議案〉的主張：「台灣是主權獨立的國家，目前的國名叫中華民國。」這比李登輝的兩國論更進一步，企圖在觀念上把台灣當「主體」，而以「中華民國」爲外衣，儼然有拋棄國民黨中國統一信條的態勢。

不幸，事實並不那麼順利，一年後民進黨當政，但它穿上「中華民國」的外衣後，卻被「中華民國」的陰魂作弄。根據媒體報導，2000年11月中旬，民進黨主席謝長廷表示，既然民進黨參與修憲，宣誓效忠憲法，因此必須接受中華民國的「一中」和「統一」的架構。這是否是不得不做的公開言詞，不得而知，但按照談話內容的邏輯推演，民進黨也必須廢除「台灣獨立」和「公民投票決定台灣前途」的黨綱，並以「統一中國」爲其訴求。換句話說，穿上「中華民國」的外衣後，就得遵奉國民黨中國的精神和其宗旨。這令人聯想到黑澤明的電影《影武者》，其主角原是囚犯，但由於長相與城主一模一樣，而被選爲城主的替身。城主死後，其親信仍然擁囚犯爲替身，以維持內外的穩定。後來他因身分暴露而遭逐出城，但這時「替身」已全盤依附這個政權的思想與行爲。因此，當其政權遭受摧毀時，他自動拿起武器跟隨其政權走上自我毀滅的路途。當政的民進黨穿上「中華民國」的外衣後，盡量與台灣獨立黨綱拉開距離，只說台灣前途由「全民」決

定。實際上，「全民決定」只是一個民主程序，民進黨若把程序當做宗旨，成為視野模糊、喪失自我、沒有宗旨的政黨，那它也必然會有隨「影武者」穿著中華民國的外衣而步入自我毀滅的擔憂。

不過，民進黨的新政府也不是完全麻痺的，它也有類似李登輝時代忽統忽獨般的掙扎。舉例而言，2002年8月2日陳水扁總統透過視訊轉播，向在日本舉行的「世界台灣同鄉聯誼會年會」的參與者致詞：「⋯台灣是我們的國家，⋯不是別人的地方政府，別人的一省，⋯台灣跟對岸中國一邊一國，要分清楚。」（太平洋時報，2002年8月8日）。在中華民國的體制和國民黨政權下，李登輝的「忽統論」可被原諒為不得已的談話，而其「忽獨論」則被解釋為在困境中「勇氣和力量」的表現。相對地，民進黨政權雖仍在中華民國的體制下，但已不受國民黨政權「有形」的壓制（不過仍受國民黨政權維護者的牽制），因此它「忽獨」的言論是本該如此的，而「忽統」的言論則被視為軟弱的傾向。這種現象到底是不是民進黨本質的表現，又有多少是政治手腕就很難說了。不管實際情形如何，這現象仍然告訴我們，脫離國民黨統治的目的雖已達成，但擺脫國民黨信條而自創前途仍是相當艱辛的。

李登輝時代的本土化、忽統忽獨、「兩國論」等等搖撼了國民黨信條，對認同國民黨的人而言，等於國民黨信條的最高殿堂被「外來僧侶」佔據，頗有國民黨淪陷的意義。因此，有批人憤然脫黨另起爐灶，建立新（國民）

黨，高舉「中國統一」以繼承舊國民黨的香火。稍後，舉中國本位旗幟的宋楚瑜退出國民黨，逕自參選2000年的總統選舉，選後與追隨者組織了「親民黨」，一時，「本土化」的國民黨頗有「台灣國民黨」的氣勢。

　　但國民黨總統選舉大敗之後，李登輝被迫辭去國民黨黨主席而結束了國民黨本土化和「兩國論」的世代。之後，連戰接任國民黨主席，讓國民黨再次「中國化」，拉攏舊國民黨大老回黨註冊，重申「統一中國」的目標。再次「中國化」的國民黨，加上親民黨以及新黨，將新政府當作共同敵人，在立法院聯合阻擾新政府施政，向新政府施壓，要求恢復「一中」主張、並力促「三通」等等，在民主體制下進行一場「中國」向「台灣」爭奪台灣主權的戰爭。在這場戰爭中，有一些台灣人志願當國民黨和親民黨的急先鋒來打擊台灣的主權運動。換句話說，今日國民黨和其衍生物（泛藍）是靠部分台灣人的支持而存在的。這又令人不禁連想到Stockholm Syndrome中那四位人質，他們在被解放前後，反而與綁架者結盟，並敵視解救他們的警方，獲解救後反而變成綁架者的同情者和支持者。國民黨政權垮台後，部分台灣人仍「依附」前施虐者的信念，視「解放者」——新政府——為敵人，有的更將「依附」心轉移到「中華人民共和國」，企圖借用它的威權以支撐崩潰中的信條。因此，有台灣人（在野國民黨黨員）爭先恐後「訪問」中國，回台後替中國恐嚇台灣人。實際上，類似現象在歐洲屢見不鮮。隨著蘇聯的解體，東

歐共產國家接二連三崩潰。照理說來，從恐怖的共產極權解放的人民應該對共產黨避之唯恐不及才對，但幾乎每個共產政權轉成民主政府以後，仍有部分人民會繼續支持共產黨，而在民主議會裡給予新政府相當的困擾。因為部分人民在個人生活、社會關係和政治上，不能適應民主社會的思考和行為方式，也有人更不願失去在共產政治下的既得利益，因此這些人緊抱共產信條不放，並與民主政府作對。

第二節　紅包文化

在日本統治下，台灣人學到法治觀念，並養成守法的習慣；但中國人一到，台灣人馬上受到另一種完全不同的價值觀所困擾，即是普遍貪污、毫無法治精神、凡事只看紅包和人事關係的文化。台灣人起先在觀念上對這種文化雖嗤之於鼻，但要辦事時則發現不得不面對現實，因此雖然心裡不甘願也得送紅包。無論是刑事或民事案件，只要經過私下的特殊管道，紅包便能產生決定性的影響。紅包又可決定民間事業的作業許可、稅務調查或工程投標的結果；甚至違法的行為，例如違章建築、盜伐國家林木等等，也可用紅包疏通。這種文化原只是被統治者為應付統治者不得已產生的行為，但習慣以後，台灣人不僅完全接受，更「青出於藍而勝於藍」，例如老師、學生申請轉校、甚至校長派任都有紅包的管道，到大醫院就醫也要紅

包才能得到本就應得的醫護品質。台灣人除了是紅包文化的受害者外，也成了紅包文化的推行者。

1970年代流傳一個顯示腐化文化已全面化的故事。市井傳說，蔣經國向一些大企業家募款，要求企業家在其寫好的支票上多加幾個「零」字以增高捐款額。這種勒索的行為並沒引起公憤，反而被當作彼此「心照不宣」的趣談。當時傳說蔣經國手中掌握有關企業家們逃稅的資料，準備一旦捐款不滿意（勒索不到手），就以逃稅辦案（法律報復）。換句話說，政府或其官員不是縱容、就是間接鼓勵人民犯法得利，不僅如此，更與犯罪的人民分贓，這是政府與人民互相偷竊、狼狽為奸又不以為怪的社會行為。

國民黨政府以身作「賊」，透過濫用法律和做票等非法行為，以及利用公教人員、警察、軍隊來左右選舉。台灣人中，有錢又有意願競選的也用錢財來買票，甚而與國家公權力狼狽為奸而達到目的。對選民而言，這只是發揮人民力量的劇場，選舉本是沒意義之舉，因此除了以宗族、派系、區域認同等等作為投票的選擇外，紅包文化又給人民多了一個選擇項目，即誰給我錢就投誰的票。在這種腐化文化中，產生了不少歪曲道義來引導並正當化個人的行為。例如，有人認為既拿人家的錢就有投票給買票者的「義務」，否則不僅無法對買票的候選人負責，更會斷了椿腳的財路。買票的椿腳也會利用人民對神明的敬畏，要求賣票的選民對著神明發誓一定投給買票的候選人（不知神明對賣票行為的感受又如何）。

　　這種歪曲的道德觀在2000年總統選舉時更顯著。宋楚瑜A錢的消息暴露以後，統派媒體替他辯解為台灣沒有不貪污的政治家，又稱在選舉時間揭發A錢一事，是對宋楚瑜的政治迫害。如此，統派媒體宣揚兩個病態的道德原則：一則呼籲人民不應該考慮候選人的操守問題；二則提倡因操守問題而被檢舉的人是受害人，因此值得同情。結果宋楚瑜高票落選，顯然支持他的台灣人如不是具有媒體所宣揚的歪曲道德觀，就是被其說服。從另一角度看來，它指出個人對政治現狀的負面評價與無力感，另一方面也指出選民以此歪曲的道德觀來「正當化」個人的投票行為。類似的心態也呈現在社會對於尹清楓命案的反應上，有人擔心尹案的調查會動搖「國本」，言下之意，貪污與謀殺是國家（或其高級人物）的本質，因此袪除貪污、犯法或謀殺就等於動搖國家的根基。

　　這種以「天下烏鴉一般黑」的觀念來替自己不道德或犯法的行為護航，又要避免自己成為其受害者的矛盾心態，可從「自家吃的蔬菜不用農藥」的故事看出來。台灣有一個共識，即市面上賣的菜含有過量的農藥。菜農知道若用藥過量會對人體有害，因此種植自己要吃的蔬菜時不加農藥，可是為了在市場能與他人競爭，又不得不在種植的蔬菜作物上施加過量的農藥。這故事雖可將之當做缺乏公共道德，但進一步檢視，則可從其思想過程中看出人民淒涼又無能為力的人生觀。菜農知道市面上賣的蔬菜，若含有過量農藥會對人體有害，但為了能在市場上競爭，

種植作物時照樣使用過量的農藥，而不管他人死活；可是
自己吃的菜則不用農藥，以免危害自己和家人的健康。這
種思考的眼界只侷限於當事者自己和家人，但他沒想到目
前在市場上購買這些有毒蔬菜食用，而日日中毒的少年男
女，將來可能是自己的女婿或媳婦。說不定當事者沒想到
賣「無農藥的蔬菜」不僅可能是謀生之道，也是宣揚道德
的社會行為；說不定當事者的確如此思考過，只是他一廂
情願地認為，一般人只吃好看的菜而不在乎農藥的毒性，
或者沒人會相信市面上有「無農藥」的蔬菜。無論如何，
這故事所傳達的是「倖存者的心態」（survivor mentality）：
在受虐環境中，人所能看到的只是基本的生存問題，無暇
顧到求生以外的課題。今天一窩蜂前往中國投資的，也是
同樣的心理，既然大家「都」到中國投資做生意，即使我
不去，別人也會去，而且我個人的行為是無濟於事的（無
力感）。所考慮到的是自己當前的利益，顧不了自己的行
為對台灣或子孫可能造成的傷害。

第三節　中間路線

　　受虐者對施虐者產生「依附」心理時，常把施虐者分
為「好」與「壞」兩面，受虐者通常會依附「好」的一
面，而漠視與淡化「壞」的那一面。如果施虐者是集團而
不是個人時，受虐者可把施虐者分為「壞人」與「好人」
兩群成員，依附與效忠是「好人」的施虐者，憎恨是「壞

人」的施虐者。不僅如此，施虐者集團的成員與受虐群成員之間更含有代表集團以及個人間錯綜的關係。如果施虐者領袖是心目中的「好人」，則受虐者會以「他有好心意，但不知部下惡行」的理由來替他脫罪；要是部下是心目中的「好人」，受虐者則認爲部下的惡行只是「執行公務」而已。因此，對施虐者集團的「依附」會驅使受虐者容忍執行者的惡行；對施虐執行者的「依附」則可驅使受虐者擁抱施虐集團的宗旨。這甚令受害者產生錯覺，以爲自己心無「成見」，有區分「好人」和「壞人」的理智，而不知實際上其心靈是「依附心」的俘虜。我們也知道施虐者善用「黑白臉」的策略，來增進受虐者對白臉施虐者（好人）的依賴和信任，以達到剝削的目的。由於人際關係是互動的，相對於施虐者的「黑白臉」政策，受虐者也學會運用「好人與壞人」的二分法，從施虐者之處獲得自我滿足與自保的目的，換句話說，二分法也是受虐者用來與施虐者討價還價的手段。在「二分法」的策略裡，受虐者表明遵奉施虐者的絕對權威與對施虐者的「依附」，替施虐者製造一個好人的形象，然後在這好人（施虐者）的保護傘下與壞人（施虐者）對抗，以爭取生存空間；但刻意避免帶有「自我主張」或爭取「解放和自由」的形象，以避免引起「好人」施虐者的警戒心。這是受虐者在受虐環境下，以生存爲主要目標，不考慮「原則」的安全路線。

在國民黨中國獨裁統治下的台灣人也採用同樣的適應方式，將國民黨政權「一分爲二」。在這二分法之下的絕

對「好人」是三民主義、中華民國、偉大領袖、國民黨、憲法、政策與官員等等；與此相對的「壞人」通常是無名無姓的「不肖分子」、地方派系、「極小部分」的腐敗官吏，偶而也包括沒人擔當的「錯誤政策」等等。台灣人依照情形的需要，把上述壞人與好人兩組成員做適當的組合來保護自己，以爭取民主、正義與權利等等（活動空間）。在這種策略下，如要批評執政者，先得推崇領導者的英明，把腐敗的責任推給少數無名的黨棍；要批評國民黨的惡政時，得把自己型塑為忠貞愛國者才行。

早期黃順興[30]在議會批評官商勾結時，得先稱讚「政府政策正確，經營得法」，然後他才能指責「貪官惡吏寄生於政府各項建設結構中，吸收人民的血膏，欺騙最高當局」。當他發現調查人員、國民黨與議員串通又包庇商人，他要是不祭出「神主牌」的話，就不能大罵國民黨腐敗，因此他寫道：「面對偉大的國父遺像，竟淒然若有所失不能自已」來表達抗議。

1977年國民黨員許信良違紀參選桃園縣長時[31]，他搭帳蓬做競選總部，以大幅中華民國國旗為背景，旗上掛有「國父」、「蔣公」遺像，帳蓬內又掛有其他效忠國民黨的文字和「先烈」照片。他以這多管齊下的強烈視覺效果來突顯他「永遠是國民黨員」的形象。在競選演講中，一直強調他的違紀競選並不是反叛國民黨，而是「為了救中

---

30 黃順興，《永不退卻》（台北：長橋出版社，1978）

31 林正杰、張富忠，《選舉萬歲》，1978。

國」、「爲了國民黨」、「怕他們失去民心」、怕「動搖
國本」，「所以不惜犧牲自己的生命堅決競選到底」。在
這「二分法」邏輯之中，好人絕對是國民黨政權，它是許
氏「依附」的對象；壞人則是印象模糊的「壞」國民黨，
許信良自告奮勇擔當，替「好」國民黨清除「壞」國民黨
的角色。他既如此「效忠」國民黨，當然只有對國民黨政
權做「建設性」的批評，而不做敵意的攻擊。這是在施虐
者淫威下開拓生存空間的典型「二分法」作爲。但許信良
的作法有獨到的地方，他以一流的「廣告藝術」手法，將
這「二分法」的作品呈獻給他的選民觀眾，又相當有創意
地將它稱爲「中間路線」。這裡得特別指出，許信良爲受
虐者對付獨裁者的「二分法」創造出「中間路線」的名
稱，不過他這個「中間路線」的著眼點並不在於統治者國
民黨，而是要吸引他所謂「中間選民」的選票。他認爲
「中間選民」會認同並投票給採取「中間路線」的候選
人。關於「中間選民」一項，將在下一節中詳細討論。

即使是在高壓統治下與國民黨抗爭的黨外，也曾運用
同樣的二分法。舉例來說，1979年中美建交，美國與中
華民國斷交，蔣經國以此爲藉口，停辦中央民意代表增
選。這時黨外發表聲明[32]，要求「從速辦理選舉以維護憲
政」，在這聲明中，黨外指出因「延期選舉導致民心士氣
的戕害與國際視聽的嘲諷，爲維護憲政，摧毀中共統戰

---

32 呂秀蓮，《重審美麗島》（台北：自立晚報社，1991），頁72。

陰謀…」，而要求「…延期選舉的緊急處分令應立即廢除」。換句話說，黨外向國民黨政府提出要求時所採用的態度是，黨外的抗議並不是爲了爭取民權，也不是對抗政府暴政，爲的是要鞏固國民黨政府的統治與保護其政權的名譽，更要摧毀中共的統戰陰謀。

李喬在〈「二二八」在台灣人精神史的意義〉一文中所提到的「老二心態」也就是採用「中間路線」的一個普遍社會行爲。他指出1987年後的社會運動，大學教授們不分省籍紛紛投入，但在大場面中，往往推舉「外省籍」名教授登台指揮坐定。顯然以推崇「外省人」（統治者的象徵），無言地聲明台灣人聽命於「外省人」（和統治者關係的聲明），減少台灣人「反叛」國民黨的色彩，又降低運動受壓制的可能，以達成社會運動的最終目標。

幾十年來，在國民黨內運用這種「中間路線」而官運亨通的人比比皆是，黨外以這種方法追求民主、追求台灣獨立空間的人也有不少斬獲。但使用這種折衷的方式，有多少人是純粹的策略運用，又有多少人是依附心理（心態）的驅使則不得而知。李喬以「老二心態」描寫這種行爲，顯然他見到的「中間路線」是「心態」使然，而不是單純的「策略」運用。

中間路線本是台灣人在施虐者絕對優勢的壓迫下，追求生存空間的辦法。但台灣政治民主化的結果，逐漸不再需要顧忌政治迫害的發生，終於可以直接挑戰國民黨的統治並質疑其正當性。在這樣的情形下，運用「中間路線」

來對付統治者的必要性就相對降低，尤其在國民黨政權垮台之後，更沒有理由繼續採用「中間路線」。

可是實際並不盡然，最顯著的例子不外是陳水扁總統標榜「中間路線」的競選歷史。

1994年陳水扁採取「中間路線」的策略競選台北市長，但他的當選並不見得是「中間路線」的效應，實際上必須歸功於國民黨的分裂。當時脫離國民黨（組織新黨）的趙少康得到國民黨中「統派」的支持票，可是他不僅落選，更拖垮國民黨的黃大洲。1998年陳氏再競選市長，這時他擁有市長任內眾所肯定的政績，又採用「中間路線」，可惜仍無濟於事，這次他被團結的國民黨擊敗。他的支持者還是原班人馬（三、四成的選民），他的「中間路線」並沒被所謂的「中間選民」認同。公元2000年的總統選舉，民進黨候選人陳水扁擺出柔軟身段，同樣採用「中間路線」，期待獲得「中間選民」的支持，最後他果然當選了總統。雖然選情分析顯示，「既得利益者」的象徵人物李遠哲與許文龍等企業家多人挺身支持，而增加了選票幾個百分點，但社會上的共識是，陳水扁能當選總統，主要是國民黨分裂的結果，和陳氏第一次當選台北市長的情形類似。這次總統競選中，國民黨的「統派」黨員投給退黨的宋楚瑜，本土派的黨員則投給連戰，陳水扁三次運用「中間路線」，期待獲得「中間選民」的共鳴，可是幾乎沒有成效可言。

但「中間路線」對陳水扁（或者對民進黨）似乎有不褪

色的吸引力，種種跡象顯示，陳總統仍可能採取同樣路線競選連任。像這樣連續採用無效策略的行為，令人不得不懷疑問題癥結是內在的。換句話說，陳總統和民進黨仍以受虐者的心態爭取選舉空間。

陳總統的「中間路線」在他的總統就職演說中很明確地展現。他一方面描述一個自主國家的遠景，鼓舞「台灣站起來」；另一方面卻也保證：不獨立、不改國號、兩國論不入憲、不推動統獨公投、不廢除國統綱領或國統會。這份演講詞的內容，和在國民黨高壓統治下，台灣人藉由「二分法」所設計出來的「中間路線」完全無異，他把「五不」當做不可違背的最高信條，而在祭拜「五不」的廟堂內爭取「台灣站起來」的空間。這份演講稿設定的聽眾，包括美國、中國、台灣軍隊和台灣民眾等，他告訴美國、中國、台灣軍隊，將以「五不」保證台灣「不要」獨立，來安撫這些似乎不能對抗的阻力（施虐者的象徵），以策安全。在國民黨統治時期的困境是：「如果不承認國民黨的絕對權威，則有被殺害的危險」，現在的困境則是「如果不承認中國的絕對權威，則會被滅亡」。陳水扁期待在這「五不」的保證下，台灣能夠爭取生存的空間。

無疑地，這「五不」也是著眼於台灣的「中間選民」，向他們保證「維持現狀」，希望藉此得到他們的選票。通常連續使用同一策略不見效後，一定會另找對應辦法。因此，若是仍執迷重複使用不見效的「中間路線」，最直接的解釋就是策略計劃者的心理仍然停頓於受虐者狀

態，才會在無法突破困境時，仍習慣性地運用以前對付施虐者（國民黨）的有效辦法──「中間路線」。

對施虐者有效的「中間路線」，對「中間選民」為何無效？它的答案，可能就在「中間選民」身上。

第四節　中間選民

一、缺乏公義感的既得利益者

到底「中間選民」的真面目是什麼？他們的需求為何？並沒有簡單的答案。然而可從台灣的選舉歷史當中，看到「中間選民」的輪廓。黃順興在《永不退卻》一書中指出，1958年他當選台東縣議員後，便體會到鄉下人心目中所謂的好議員，就是在議會說出「他們（鄉下人）想說的話」，又「有求必應」。他觀察到當時知識份子的投票率比一般人低，他認為原因是，所謂知識份子大多是公務員，選舉結果如何，絲毫影響不到他們的生活。他的觀察倒是非常正確的，公務員有固定的職業與收入，都是國民黨政府的恩惠，既然選舉與自己的利益沒有關聯，那就沒有投票的理由了。黃順興又看到國民黨大肆宣傳，說若是「反對份子」當選，會引起社會混亂。所以黃氏心目中的知識份子，是缺乏社會公義感的既得利益者，同時也迷信國民黨的信條（相信反對份子當選會引起社會混亂）。然而，黃順興對這些人並沒絕望，他時常思考「如何動員知識份子，請他們投下神聖的一票」，不幸的是他無法提出任何

有效的方案。從黃順興對知識份子的觀察，可以知道他的假設是，一旦他動員冷漠的知識份子出來投票，他們必會投票給黃順興，可是他並沒進一步說明為何。

這些對社會冷漠，期待保持安定的知識份子，其實就是黃順興時代的「中間選民」，只是當時尚未有此概念。無疑地，這些所謂的「知識份子」在物質（經濟）和感情上「依附」國民黨（施虐者），缺乏社會責任感和理想。不過，在此必須注意的是，從「二二八事件」發生後到黃順興此時對知識份子的觀察之間，不過十來年的時間，台灣知識份子熱心參政而遭受慘殺的情景仍歷歷在眼前，因此他們拒絕參政或投票也不足為奇，這種冷漠的態度也必定包括了認命和無力感的情緒，這一點黃順興可能不敢提及。

當黃順興在1963年競選省議員時，已是有名氣的黨外人士了，但他的對手則是和政界掛勾，受國民黨全力支持的富商洪掛。雖然這是小蝦米與大鯨魚的鬥爭，但最後黃氏仍得到民眾的熱烈支持而獲得勝選。可惜他並未在書中對這次選舉作進一步的分析，解釋為何選民熱烈支持他？又冷漠的知識份子到底扮演了什麼角色？要是知識份子也是他的支持者，他到底如何感動他們，令他們跳出「既得利益」和「冷漠感情」的枷鎖而投票給他？由於他隻字未提，筆者猜想黃順興自己可能也不清楚。

二、產生依附心的既得利益者

1977年國民黨內定歐憲瑜參選桃園縣長，許信良不服，脫黨參選。這時選民的性質與黃順興時代已有不同，這時選民當中已有對立的陣營。許信良認清他的鐵票來自「激進黨外人士」，他自信只要反對國民黨，即使不討好黨外，黨外也會支持他。但他也知道黨外的力量不夠大，不足以影響大局。另一方面，他又認清絕對得不到軍人及其眷屬的票，此外，國民黨內極端保守派的選票也不可能獲得，因這些都是國民黨的鐵票部隊。當時他發展出「中間路線」與「中間選民」的概念，而採行「中間路線」，爭取到「中間選民」的票源，終得勝選。

根據許氏所謂的「中間選民」，包括國民黨中具自由思想的人士，以及「絕大多數盼望政府能革新的民眾」，他認為這些民眾「認同國民黨的歷史功績，與建設台灣的成績」。許氏又指出一般民眾對候選人的政見無動於衷，政見其實對選情發生不了作用，民眾對地方派系的認同才是左右選票流向的關鍵。在此看到的「中間選民」包括兩群性質不同的選民，第一群是認同統治者的人，只是他們不是所謂「肝膽精忠派」，而是「局部認同者」，他們具有自由思想（非國民黨教條）和「希望改革」之心。換句話說，在不威脅他們所認同的國民黨威權之前提下，這些人可能容許同樣有自由思想和改革形象的（國民黨）候選人，這是他們與國民黨極端保守派唯一不同的地方。另一群

「中間選民」則是一般民眾，他們並不見得是國民黨員，但是他們「認同國民黨建設台灣的功績」。這是很重要的一個認知，許氏看出，這些人自認是國民黨的受惠者，也就是國民黨政權的依附者。這些中間選民和黃順興時代的知識份子一樣，除了對國民黨政權懷有恐懼之外，又對其擁有正面的感情，他們不願挑戰施惠於己的依附對象。不過，在不挑戰依附者的前提下，他們在地方派系間主動選擇認同對象又積極參與鬥爭，至於候選人的政治抱負（政見）為何，他們並沒有興趣。如此，就可了解為何他們對國家認同（挑戰施惠的壓迫者）的議題不會有興趣。

最後許信良果然以高票當選桃園縣長，可是《選舉萬歲》一書的記載並沒顯示這是選民傾倒於他「國民黨改革者」形象的結果。書中所描寫的，又是一場小蝦米與大鯨魚的對抗。從選舉一開始，國民黨政權便將許信良當叛徒看待，它運用宣傳機構，污衊許信良為共產黨、叛徒、外國走狗、台獨份子等等；又動員公務員、學生、教師、警察等替國民黨候選人歐氏助勢，並阻擾、恐嚇許氏的選舉活動。國民黨政權的這些動作引起選民的極大反感，另一方面，許信良從競選開始就得到民眾的熱烈支持，但仍無法分辨當中有多少是許氏「國民黨改革派」形象所造成的效果，又有多少是「反叛國民黨」英雄形象的效應（國民黨替他誇大製造的）。選舉當天，國民黨又做票，當場被發現而引起公憤，許氏就在選民的激情下被送上縣長的寶座。在這裡可看到許信良和黃順興當選的共同處，即選民

所選出的是有勇氣對抗國民黨的受害者，而不是國民黨的改革者。這是選民對國民黨的惡行憤怒，捨棄其他考量而投票的結果；也就是說，這是選民「認同」了候選人受國民黨迫害的角色，並被其反抗國民黨的英雄色彩感動的結果，這並非許氏陣營事先預料到的。許氏精心設計的「中間路線」，效果反而不彰。

勝選後，許信良的助選大將林正杰〈和政大一教授一席談〉的內容，就是所謂「中間路線」無效的一個證據。[33]這位教授不外是許信良陣營所認定的國民黨自由派人物，可是其談話內容卻充滿著對許氏盡忠國民黨的懷疑、猜疑他和黑社會勾結、接受「中共」的資助、是否受外國支持之類的問題。不僅如此，他又隱約把中壢事件的責任推給許信良，毫無一絲為這位「國民黨改革者」當選的喜悅。這位教授的反應可能令採取「中間路線」的候選人大失所望。更可進一步推測，要是競選當時，國民黨採用溫和的競選技巧，許信良只靠「國民黨清新派」的形象，缺乏選民對國民黨的憤怒，是否能打動「中間選民」而當選則大有問題。

三、激情掙脫依附心，認同候選人，改變投票行為

很明顯地，黃順興和許信良依靠的是選民的激情而當選，尤其許信良的個案更是清楚。許氏以「中間路線」討

33　林正杰、張富忠，《選舉萬歲》，1978，頁351-356。

好選民的「依附」心態，企圖以「認同」「中間選民」的依附心而贏得選票，然而「中間選民」卻是因國民黨對許信良無理打壓而產生共鳴，引發受國民黨多年迫害所產生的憤怒，由這種「憤怒」而「認同」許信良，才令他們超越對國民黨的「依附」、對社會公義的冷漠，毅然投票給許氏。

四、中間選民的永恆性質

陳水扁以「中間路線」（後稱新中間路線）二次參選台北市長，一次競選總統。就在準備2004年總統選舉的此時，種種跡象顯示民進黨可能仍依循「中間路線」的競選策略。陳水扁陣營「中間路線」的目標仍著眼於「中間選民」。不過，今日「中間選民」的處境與以前不盡相同，今日除了「中間選民」之外，一邊有追求台灣獨立的選民，另一邊則有期待「泛藍」（國民黨及衍生組織）奪回政權以便中國併吞台灣的選民。陳總統所設定的「中間選民」，他們的想法又是如何？這其實已在就職演說的「五不」中間接地表達出來：他們要維持現在的體制（不改國號，不廢除國統綱領和國統會），不要國家明確的定位（不獨立，不要兩國論入憲），也不要面對國家認同的課題（不統獨公投）。許氏設定的「中間選民」不願挑戰國民黨政權，更不觸及中華民國體制，陳總統所設定的「中間選民」也一樣。

五、中間選民缺乏國家認同的理念

　　試從另一個角度來觀察現代「中間選民」的輪廓。2000年8月27日民進黨台北市黨部公佈一份「民眾對元首外交與國家主權」之民調結果：其中希望盡快獨立的有6.0%、維持現狀後獨立的有16.6%、永遠維持現狀的有12.6%、維持現狀再決定統獨的有37.6%、維持現狀後統一的有20.4%、盡快統一的有4.1%。這份民調中所謂「永遠維持現狀」，其實是不對外宣佈而維持台灣獨立狀態的，因此把它列入計算，希望台灣獨立的實際上有35.2%，沒有定見的佔37.6%，要與中國統一的有24.5%。這份民調又顯示，有38.7%的民眾認為自己是台灣人，43.5%的人既是台灣人又是中國人，自認中國人的只有15.7%。

　　這份民調是在民進黨執政三個月後做的，是剛從國民黨政權解放後的民意，也可說代表總統選舉投票分佈的反映。這份民調的受調者中有38.7%的人自認是台灣人（不是中國人），它與要台灣獨立的35.2%非常接近，可見凡是認同台灣的人絕大部分希望台灣獨立。不僅如此，這百分比也與支持民進黨的百分比非常接近，顯示主張台灣獨立的人把希望寄託於民進黨。當年許信良看出他不必討好黨外，黨外也會支持他。今天民進黨也享受同樣的好處，不必討好希望獨立的台灣人，他們也會支持民進黨的。

　　另一方面，民調中要維持現狀後統一的有20.4%、盡

快統一的有4.1%，所以希望要統一的有24.5%。可是自認
爲中國人的卻只有15.7%，因此另外約9%希望統一的必定
來自自認「是台灣人又是中國人」的這群人。可以猜出這
些人可能並不是眞的自認「是台灣人又是中國人」，而是
「中國的台灣省人」。當然，認同中國的人要「統一」，
他們會投票給認同中國、主張統一的政黨和候選人，決不
會投票給民進黨。

「是台灣人又是中國人」的43.5%中，把那9%實質上
是「中國的台灣省人」祛除後（43.5%減9%），所剩的34.5%
才是眞正的「台灣人又是中國人」的國家認同未定者。依
常理而言，不能決定「國家認同」的人當然無法在「台灣
獨統」的課題上採取立場。經過修正後，「台灣人又是中
國人」的百分比34.5%，和「統獨無定見」的37.6%非常
相近。所以這群中間選民的「五不」心態便是出於缺乏國
家認同而不能做統獨選擇的結果。既沒有認同就不能選
擇，因此要維持不必做決定的「現狀」是可了解的。

六、恐懼維持依附心

在這份民調中，最明顯的是不管國家認同爲何，竟有
高達90%的人在「目前」希望「維持現狀」。顯而易見的
理由是，他們怕被中國統治後，會使生活水準下降，更不
願喪失在台灣享受的民主和自由。不過，即使希望獨立的
那群人也躊躇不前，想要「維持現狀」後再行獨立，可以
看出這是另一種恐懼感的作祟。他們恐懼的理由，與主張

統一的人不盡相同，他們相信一旦台灣獨立，中國就會侵台，因此不願冒險，犧牲生命財產而獨立。同時也懼怕中國侵台、台灣滅亡，台灣人又要再一次淪為二等公民。台灣人對中國的恐懼感也是國民黨政權統治台灣最大的「成就」之一。台灣人恐懼國民黨政權，也恐懼無惡不做的「共匪」（國民黨政權灌輸的信念）。在台灣逐漸民主化，台獨的呼聲漸響之際，國民黨政權更灌輸台灣人「台灣獨立，中國侵台」的信念，即使下台後的國民黨和新成立的親民黨也不忘記時常向台灣人提醒這個信條。「此人可怕」之詞出於可怕的人之口，「此人」就顯得更為可怕了。

至於那些同樣患有恐懼症的國家認同未定者（既是台灣人也是中國人），更沒有打破現狀的理由。對他們來說，不管獨立或統一，都是滅亡或災難的代名詞，因此絕沒理由做選擇而陷自己於危難。無可否認地，國家認同未定者的「維持現狀」也是一種機會主義的想法：將來若是獨立比較好就獨立，要是統一比較好就統一，而目前則是不獨不統最好。這些中間選民的選票主要分佈於「泛藍」的總統候選人部分，因此所謂「維持現狀」是維持「泛藍」當權的中華民國體制，保證沒有馬上獨立的可能。這種表現在選舉行為上的依附心，和Stockholm事件中的四位人質，以及Symbionese Army的人質Patricia Hearst的行為非常相近，他們從獨裁政權解放後仍仰賴已失效的依附對象（被捕的搶犯、死亡或被捕的恐怖份子、下台的國民黨）。

　　但Patricia Hearst對獄吏和保鑣的戀情又給我們一個啓示，依附心可能從一個依附對象轉到另一個依附對象，只要新的依附對象在某方面能供給受虐者某種程度的需求，例如力量、理念、目標和安全感等，這些都是民進黨新政府所缺乏的形象。

　　許信良和陳水扁的中間路線並沒打動中間選民，陳水扁的中間路線加上公認的卓越政績，仍然讓他們無動於衷。讓許信良登上縣長寶座的不是他刻意製造的中間路線，而是中間選民因認同候選人「反抗壓迫」的形象而產生的激情，這種激情克服了「依附心」而令許信良順利當選。陳水扁能夠選上總統，除了國民黨的分裂外，又得歸功於李遠哲等人的公開支持。但李遠哲等人的作用爲何？是單純的明星號召力？陳氏標榜中間路線的效果？抑或是「既得利益」者的重量級代表人物，冒喪失利益之險挺身而出的事實，激起這些中間選民對台灣的認同和危機感的結果？這不得而知。

　　中間選民有認同上的矛盾，這種心態又是受到國民黨信條的影響。他們把「國家認同」的鬥爭誤認爲「族群鬥爭」（國民黨政權灌輸的信條和泛藍慣用語），而不願觸碰。他們相信維持現狀是避免「族群衝突」的最好辦法。中間選民將認同未定的心態誤爲具包容性、沒族群意識的美德，因此把「認同中國」的一群當做台灣國內不同的族群，而以支持「認同中國」人士來證明自己的「包容性、沒有族群意識」，他們更忽視所包容的對象並沒有互惠行爲。他

們相信維持現狀是對中國表示善意（不刺激中國），也相信中國會以不侵略台灣作爲回報，完全漠視中國在國際上積極進行消滅台灣的外交戰──蠶食台灣的生存空間，企圖在各個國際組織內把台灣改稱爲中國的領土，他們也忽視中國一直從事打破現狀的工作──在沿海增設飛彈對準台灣。

因此從醫學治療的角度來看，切除這些纏繞著台灣意識，阻礙其成長的國民黨信條，才有台灣認同發展的可能。提供一個清晰有力、可與依附對象競爭的認同對象，才可能使受虐者轉移其所依附的對象；相反地，以模糊不清的國家定位或認同作爲號召，並不見得能吸引中間選民，他們仍然會依循舊習，傾向於原本的依附對象。

台灣意識的生長

第七章 歷史與困擾

　　在台灣的各族群中，現存的原住民族群是在台灣居住最久、至少有幾千年歷史的台灣人，各「原住民」部落的出處不盡詳明。另一方面，從中國來的台灣住民，在明朝末年以前則僅有零星的移民、海盜或流民。1624年荷蘭佔領台灣南部設置政府，派有領事和駐兵，並從大明帝國招收中國人來台做工與耕種，這是漢人從中國大規模移民來台的開始[34]。這些漢人受雇於荷蘭人，爭奪原住民的資源以求生存，同時達成荷蘭開墾台灣的目的。由於不堪荷蘭人的剝削，1635年原住民在麻豆起而反抗荷蘭政府，1650年漢人郭懷一也起義對抗荷蘭政府。但起義的原住民並沒有任何政治意識的表現，郭氏也沒有表達要與明朝合併或以漢人為主體建國的意念。這兩件起義發生於荷據時代，受剝削的不同群族各自與刻薄的統治者進行抗爭。當原住民起義時，漢人所扮演的角色為何，不得而知。但可以知道的是，郭懷一起義時並沒有結合原住民來對抗荷蘭人，顯然沒有視原住民為「被剝削者」夥伴的觀念。當時的原住民反而幫荷蘭政府攻打郭氏，可知對原住民而言，漢人移民是搶奪他們資源的敵人，而荷蘭人則是無法對抗的實體，因此依附荷蘭人來打擊漢人是一種爭取資源的策略。

　　1644年中國明朝被北方的滿清帝國侵入而滅亡，當時發生的一個插曲卻對台灣的歷史產生了極為重要的影響，就是鄭成功在台灣建立第一個漢人政權。鄭成功高舉明

34　史明，《台灣人四百年史》（CA：蓬島文化公司，1980）

朝遺臣的旗幟與清國交戰，戰敗後轉攻台灣。他戰勝在台灣的荷蘭人政權，驅逐荷蘭人之後，將台灣佔為己有。鄭成功以台灣為基地，擷用台灣資源準備攻回中國本土，恢復明朝。其經營方式與荷蘭人完全相同，只是取代了荷蘭人對原住民的剝削地位而已。根據估計，當時的漢人約有十萬，而原住民則由於鄭氏的征伐，人口從六十萬激降到三十萬。雖然鄭氏是漢人，但他進佔台灣後並沒被當時在台的漢人當成「拯救者」看待，原住民也沒趁機靠攏荷蘭人請功，或投靠鄭成功進行一場翻身的賭注。當時的原住民與漢人不過是兩個強權鬥爭的旁觀者，被動地接受鬥爭結果而已，沒有以自己為主體的思考或行動表現。

從1661年鄭氏在台灣建立王朝，到1683年間被滿清帝國滅亡為止，總共22年。其間鄭氏王朝以近三萬的軍隊在台灣南征北討，極力擴張領土，並推行屯田政策以安頓軍隊，其征服與劫掠的對象當然是原住民，而當時在台灣的漢人則是鄭氏軍事行動的受益者。從漢人移民的觀點來看，鄭氏是開拓台灣的主力，難怪後人尊他為「開山王」，這也可能是沒有漢人起義反抗鄭氏的原因。當鄭氏在台灣擴張領土時，受侵犯的原住民反抗不斷，但並沒有諸族聯盟大規模對抗鄭氏的戰爭，也就是當時的原住民並沒有諸族原住民為一體的「泛原住民」觀念，更沒有建國理念的存在。在此必須特別指出，鄭氏佔台後造成台灣政治生態重大的變化，雖然漢人在人口上仍佔少數，但他們在台灣有政府，又有先進武器為後盾，於是漢人與原住民

的地位互換，從此台灣的命運便由在台灣的漢人主導。

　　鄭氏王朝在1683年被清朝所滅，鄭家與其文武官員的家族都被遷回本國，不過清廷允許下級官兵留台定居，到底有多少人因此而留台定居，不得而知。值得提及的是，當時在台灣的漢人雖然受到鄭氏王朝22年的統治和教育，但異族的清帝國前來佔領時，並沒有激起他們的民族、國家意識而反抗清朝。不僅如此，鄭氏留台的殘兵也不為所動，顯然對他們而言，「反清復明」再也不是重要的課題了。很明顯地，鄭、清政權的交替就與先前的荷、鄭交替一樣，當時的台灣漢人是冷漠、被動的旁觀者，並沒有產生民族或國家意識。當時，也沒有台灣漢人與鄭氏殘兵之間的鬥爭，很有可能是因為當時的鄭氏餘兵沒有「反清復明」的包袱，而且清朝又對他們與台灣居民一視同仁，沒有特殊地位，因此能迅速與當地人融合為一[35]。台灣人輕易接受荷蘭、鄭氏與清朝等交替統治的事實，顯示當時的台灣人缺乏以台灣為主體的民族或國家觀念，又顯示出當時的台灣漢人有接受不同統治者的歷史背景。當時的台灣人沒有自我，有所表現的不過是依附於統治者的自我。

　　上述這些歷史上台灣人的人格表現，可以用來解釋為什麼清朝佔領台灣38年以後才有第一個大規模的起義。清廷佔台三十八年後（西元1721年），朱一貴與杜君英起義反抗清朝，朱一貴自封「中興王」，含有復興明朝之意，

35　莊秋雄，《海外遊子台獨夢》（台北：前衛出版社，1993），頁79。

這可說是台灣人起義抗暴，第一次有政治意識的表現。但事件發生在明朝滅亡近40年之後，令人不禁懷疑其動機是否眞要反清復明，有可能他們只是借用鄭成功反清復明的政治口號，來正當化其自發性的抗暴行爲，因此可說是台灣本土性的、初始萌芽但仍籠統無形的政治意識之表現。此事件之後，清朝統治台灣二百年多間（1683-1895）發生了不少次起義，都是爲反抗暴政而起的。起事以後大都有建國之意圖，林爽文起義被立爲「明主」，戴潮春起義時令蓄髮道明制，張丙起義、黃城響應自稱興漢大元帥等等，其表達的政治意識有的是要復明，有的則是漢滿的民族戰爭，有的並不清楚。很顯然地，他們沒有穩固的政治意識，也沒有台灣意識的存在。這些起義中值得一提的是朱一貴與杜君英的聯合起義，這是福佬與客家聯盟對抗統治者的行動。無可否認地，這個行動含有福客爲共同體的意義，可是這共同體的意識非常脆弱，不久即因利益分配的爭執而兩方起鬨，弱勢的客家陣營投靠了清朝，回頭攻擊福佬的朱一貴，結果兩敗俱傷。事敗的朱一貴當然逃不了死路一條，但杜君英也免不了同樣的遭遇，他雖有功於清朝，仍被清朝處死。這與以前弱勢的原住民投靠統治者（荷蘭人）打擊強勢的漢人的現象完全一樣。後來林爽文（原籍漳州）的起義失敗時，泉州人也會同清軍大殺漳州人。其他客、福之間，漳、泉之間的械鬥不時發生。這些現象都顯示當時以台灣爲共同體的觀念即使存在，也非常地脆弱與短暫。因此，由於缺乏可促進團結的共同體觀

念，即使奮勇起義，也只懂得借用「復明」或「興漢」這些既存但不切身的意識來當旗幟。

後來清朝敗於日本，1895年簽訂和約把台灣割讓給日本，當時在台灣的清國官吏兵部主事丘逢甲急電，向清廷各衙門呼籲勿放棄台灣，清廷不理，他再連同台灣仕紳商賈倡言獨立，於5月21日定年號「永清」，公推唐景崧就任總統。唐氏致電清廷：「台灣士民，義不服倭，願為島國，永戴聖清。」向清朝表態台灣獨立是不得已的，又會永遠想念清國。他給台灣民眾的文告也表達類似的情感：「今雖自立為國，感念舊恩，恭奉正朔…無異中土…。」但同文卻又含有一個獨立後台灣人幸福的遠景，說：「…富強可致，雄峙東南，未嘗非台民之幸也。」可是他致外國的文告卻又與前者互相矛盾，說：「…如各國仗義公斷，能以台灣歸還中國，台民亦願以台灣所有利益報之…。」宣佈獨立又向外國說不要台灣獨立，很明顯地，這個「台灣民主國」不過是因台灣被割讓而倉卒成立的，並不是真有台灣建國的決心。因此「台灣民主國」不久後便不戰而瓦解了，台灣民主國的官吏（前清朝官吏）個個逃回清國本土。

在建立民主國與呼籲台人「守土拒倭」的前清人士紛紛逃回清國本土後，台灣各地人士仍然組隊與日軍激戰，除了保鄉目的以外，他們的動機與目標到底為何並不太清楚。然而，在日治時代起義後立國的有1895年的簡義，他自稱「九千歲」，改元「天運」，在他投降後，他的

夥伴柯鐵則自稱「奉天爭倭鎮守台灣鐵國山總統各路義勇軍」，從這個本土的名號看來，他並沒有思念清朝的情緒，而確有反抗異族統治與台灣建國觀念。另有黃國鎮自稱皇帝，但其政治動機與目標不明。同年林李成主謀圍攻台北城，事敗後多人為此犧牲生命，其動機與目標為何，也未有歷史記載。其中主要人物之一簡大獅事敗逃亡清國，請求庇護反而被捕，死前憤慨自白說：「我乃台灣清國之民…」，在此我們可窺見他清國人的心態。1915年的西來庵事件，余清芳自稱大明慈悲國元帥，又是借用明朝的招牌。其後除偶發性的事件外，並沒有大規模的起義。可以說在日治時代的起義，比起在清國時代有較清楚的建國觀念，可是當時的建國意識仍然混亂、不清晰。

台灣人意識實際上是在日本統治時代成形的，日本帝國領台二年後（1897年）讓居台漢人選擇國籍，絕大部分人民選擇日本國籍而留居台灣。可是日本政府並沒有平等對待已成為「日本國民」的台灣人。在實施差別待遇政策時，在觀念上無可避免地區分台灣人與內地人（日本本土的日本人）兩種日本國民，如此才有依據來決定個人的職位、薪水與就學的學校等等。如此，不管願意與否，除內地的日本人外，所有台灣土生土長的日本國民都被歸劃為台灣人。再者，第一次世界大戰後民族平等與獨立的自由思潮澎湃，不僅帶給世界各地被壓迫民族、也同時提供被日本壓迫而不平等待遇的台灣人，一個世界公認的崇高目標。對台灣人而言，向日本政府爭取平等待遇，也必須有

受益者是誰的觀念。如此在外來力量（日本政權所定義的台灣人）與內在力量（平等與解放的地位的自我定義）的運作下產生了包括福、客與原住民在內的台灣人定義，台灣人就如此成為台灣住民的「自稱」。顯而易見地，以「台灣人」自稱，就表示「台灣人意識」已經誕生了。黃昭堂又指出，在日治時代教育普遍化後，日本語言傳播全島，成為共通語言，促成台灣人意識的普遍化。[36]

在日治時代，追求台灣人平等與解放的路線大致分為體制內與體制外。在體制內有林獻堂等人的鬥爭，1914年創立台灣同化會，鼓吹台灣人應與日本人享有平等的地位；1918年創立啟發會，要求廢除不平等的「六三法」；1921年向日本國會提出台灣議會設置請願書，要求讓台灣人自治；1927年成立台灣民眾黨，主張自治民選及改變種種社會制度，又提倡農民運動等等。另外在文化方面有《台灣青年》雜誌的創刊、台灣文化協會（1921年）等等的成立，舉辦各種文化活動，鼓吹文化的啟蒙工作，向台灣人鼓吹，台灣人是有靈魂與文化的（漢文化）。

在體制外的部分，有的走國際路線，這些人奔走中國尋求援助，以謀台灣獨立，因為當時的中國除認知台灣人為世界弱小民族之一外，也同情台灣人的獨立訴求。另外也有一群人士受當時激進的共產主義與無政府主義的

36　黃昭堂，〈第二次大戰前「台灣人意識」的探討〉，《台灣公論報》，USA，1997年7月19、23、26日。

薰陶，視無產階級鬥爭（台人受到日人有產階級的欺負）、反抗資本主義（台人受日資剝削）與帝國主義（台人受日本帝國主義支配）為台灣獨立與解放的路線。這些人形成了台共，有的與日共或中共聯合，甚而主張以武力抗爭來達到台灣獨立與解放。當時也有主張歸屬中國的。換句話說，到日本戰敗放棄台灣時，台灣意識已經成熟，台灣獨立的思想也明確的存在，只是大多數人的心態仍停留在「歸屬」的階段，有的要接受日本的同化，也有的主張要歸屬中國。

日本戰敗後歸屬日本的壓力與吸引力頓時消失，當時有以部分日軍為主、台人為副而尋求台灣獨立的企圖（清、日交替時台灣民主國成立的再版），但受日本台灣軍總司令制止，因此這個想法在未成型前就宣告夭折了。另一方面，從日本解放的喜悅被有效地發酵為歸屬「祖國」的興奮。如此，台灣人運用歷史性的「歸屬」方式解決了自己的前途，認真地想要當中國人。可是，不久後台灣人就從這自我陶醉的美夢中醒來。

首先中國官兵的惡行惡狀向台灣人「歸屬」的熱情潑了一盆冷水，再者中國不僅沿襲日治時代的不平等政策，而且更變本加厲，因此最後導致二二八事件的發生。隨之而來的殘酷報復與恐怖統治才令台灣人認知到台灣人並不是中國人。[37]這時台灣人的心情就像吳濁流《亞細亞的孤

---

37 黃昭堂，〈失落的主體 迷惘的認同〉，《自由時報》，2003年8月16日。

兒》中的胡太明，在追求自我的路途中，經過被日本同化的階段，迂迴轉而追求「歸屬」中國，最終在「中國」發現自己原是台灣人。如此，暫時被抑制、憧憬台灣獨立的熱情再度燃燒起來。海外台灣人繼廖文毅於1956年在日本成立「台灣共和國臨時政府」之後，1960年王育德在日本設立台灣青年社。在美國的台灣人則於1955年成立自由台灣（Formosans' Free Formosa），後經數度演變成爲全美台灣獨立聯盟，1970年世界台灣獨立聯盟成立。另一方面在台灣本土，要求獨立的呼聲也接二連三出現，1964年彭明敏、謝聰敏、魏廷朝發表〈台灣人民自救運動宣言〉，[38]台灣長老教會於1971年發表〈對國是的聲明與建議〉指出[39]，「人民有權決定他們自己的命運。」這些投身獨立運動的人士，都是受「中國化教育」出身的台灣人，顯示台灣人終於擺脫將「歸屬」當作「台灣前途」的思維而尋求眞正的獨立，因此這時的台灣獨立意識已經達到成熟的階段。

38　彭明敏，《自由的滋味》（CA：台灣出版社，1984），頁118-121。

39　高俊明、高李麗珍口述，胡慧玲撰文，《十字架之路》（望春風文化事業股份有限公司，2001），頁230-232。

【第八章】

外省人台灣心

——難產的新台灣人

　　四百年來從中國到台灣的移民絕大部份是自發性的個人行動，來台後除了認同親友與同鄉外，就得融合入當地既有的社會組織，並接受當地既有政權的統治（荷蘭、鄭氏王朝、清國與日本）。在台灣移民歷史上與這個模式不同的有兩個例子，即是鄭成功與中國國民黨佔領台灣的兩個時代。他們在中國本土戰敗逃到台灣的同時，又將他們的政治機構與軍隊整體移植到台灣。他們兩者有完全相同的目的，即以台灣為基地，搾取台灣的資源，以反攻中國奪回江山。這兩個時代的官兵和難民跟隨其統治機構到台灣，當地並沒有既存的統治機構令他們去認同或適應，因他們本身就是統治機構的成員。這兩批流亡政權及其屬員的心態也是一樣的，滯留台灣乃暫時性的權宜之計，最終目的是要返回家鄉。

　　1949年後，跟隨中國國民黨政權逃亡到台灣的大批難民，雖然異地為客，卻沒有認同當地的必要，因他們的國家與政權整個移植到台灣當統治者，倒是被統治的台灣人必須學習如何適應與認同新來的統治者。國民黨官方認為台灣人中日本人的「餘毒」而不適合擔當機關首長，相對地台灣人則認真學習「國語」、研讀三民主義、模仿中國人的生活習慣等等，這是非常明顯的主客互換的情形。國民黨政權領袖蔣介石年年在國慶致詞或文告中做「我一定把你們帶回去」之類的宣告，這種近乎「個人與個人間」承諾的談話無疑加強官兵、難民對其政權和領袖的向心力和忠誠。國民黨政權又設置眷村和公教人員宿舍安頓中

國軍眷與官員，同時也保持了他們與台灣人的距離，維持過客的心態，而有加強部屬忠誠和團結的效果。儘管後來國民黨政權改變了武力反攻中國的態度，改採和平統一的號召，但其政策與口號仍然維持這種過客的心態（要統一中國、要與中國統一、首都搬回中國等等），因此這批難民家族雖在台灣已到了第三代，但仍然維持難民的心態。由於他們所認同的政權統治了台灣，因此個人也認為對台灣擁有所有權。期待回鄉的過客當然期待能把所有財產（包括台灣）帶回祖國。

隨著國民黨的「台灣化」，台灣人主客位置也逐步調整，西元2000年3月國民黨在總統選舉落敗，政權和平轉移到本土的民進黨。雖然新政府仍維持國民黨政權的體制，但對抱持過客心態的中國人來說，這不僅代表了他們認同的政權走向滅亡，更意味他們認同的國家（黨國合一）面臨滅亡的命運。由於這種心態，才會有退伍的前警總首席檢察官將李登輝和平轉移政權的事蹟當做「禍國毀黨」的行為，而「悲憤」地向李前總統潑灑紅墨水的鬧劇。[40]另一方面，由於新政府繼承又維持舊體制，仍象徵著國民黨政權的殘存，只是受「外人」（台灣人）佔據而已。因此，他們在立法院和媒體上儘量打擊新政府的改革和措施，以挽回國民黨中國的存在。不僅如此，他們更把對認同的對象轉移到中華人民共和國。他們一方面相信國民黨

40　新浪網，2000年5月27日。

所宣傳的「共匪賣國賊」的教化，但另一方面浸濡於中國傳統「朝代替換」的觀念下，「中華人民共和國」不過是取代「中華民國」的一個朝代而已，都是中國人的統治。由於這種觀念的存在，在白色恐怖時代，便有很多在台灣的中國難民將中華人民共和國的成就當做全中國人的成就而竊喜。他們欣見中國核爆、建築長江大橋，認同中華人民共和國攻佔西藏、侵略越南，並以今日中國擴充軍備（象徵中國強盛）而自豪。在這種心態下，當年的「反共先鋒與勇將」，今日則「回」祖國朝聖，拜見「不共戴天」的中國官員，在中華人民共和國國慶中，高呼萬歲，呼籲祖國統一台灣（從台灣人手中拿回）。

然而，還有另外一種現象就是，雖有不少人回中國的家鄉探親，但是卻少見大批移回中國定居的。由於對故鄉人情風土的失望，更發覺彼此思想習慣有異，政治環境與生活水準差距甚大等等因素，令原本有意回鄉定居的中國人，轉而回歸寄居地──台灣。在這心態的轉換中，顯示從難民轉為移民的第一個心理條件已開始醞釀成型，不過這並不意味他們心理上從難民變為移民已大功告成了。以台灣為家、認同台灣還需要其他的因素。

關於這一點，已有一些中國難民及其後代掙脫出他們的心結，不僅認同台灣，也支持台灣獨立的想法，並以台灣人的身份和心情加入以台灣為本位的政黨、社團和文化工作的行列。到底這些人如何從中國人的過客心態轉變成台灣人？從《外省人台灣心》一書的內容可看出促進這

種心態蛻變的因素。[41]這些因素包括個人思考的包容性、受害於國民黨信條的經驗、脫離充斥國民黨教條的生活環境、接觸異於國民黨教條思想的機會、和台灣人通婚後所遇到的經驗感受，以及發現自己和中華人民共和國之中國人的不同之處。

眷村出身的郭樹人是相當自傲的中國難民，在成長過程中他甚少與台灣人接觸，直到當兵時才接觸到和他在語言、生活習慣方面皆不同的台灣人，但這並未刺激他產生對「認同」的思考。出國後（脫離國民黨教條的環境），接觸到異於國民黨教條的思想，才令他開始對自己的信條產生懷疑；在進一步思考後，他認同台灣和獨派人士的心聲，而贊同台灣獨立的想法。使廖中山教授蛻變的則是多項因素的影響，由於個人遭遇與所信奉的國民黨教條相左，使他開始對國民黨信條產生懷疑。當開始質疑這些信條的真實性後，他便重新再思考、評判那些異於國民黨教條的思想。在接觸鄭南榕鼓吹台灣獨立的雜誌後，他漸漸將寄託轉移到台灣。與台灣人結婚的人際經驗，更開展他認同居住地和當地人的潛能。1990年廖中山教授回到中國河南老家，[42]蹲在他三嬸面前默默相對許久，找不出他娘面孔的記憶，如此回到老家卻找不到與老家聯繫的線索。相形之下，他反而對寄居地台灣感到親近而開始擁抱台灣，敞開

41　《外省人台灣心》，（台北：前衛出版社，1992）。

42　黃昭堂，〈不做唐山客，寧做開基祖〉，《台灣共和國》10期（1999年10月），台北：共和國雜誌社。

心扉接受台灣。因此於1992年和一群外省朋友，成立「外省人台灣獨立促進會」。與祖國缺乏具體的聯繫，反而與寄居的台灣有親密關係，也可成為認同台灣的充分條件：「孤家寡人」（筆名）單身在台，與台灣人結婚而被妻家完全接受，因此視妻家為己家，在心靈上找到歸宿而成台灣人，以台灣心希望台灣獨立。

也有中國人在接觸來自「祖國」的人之後，意外發現與之有思想、生活習慣上的不同，而進一步地檢討和思考自己的認同問題。「密西根小王」在美國學校討論問題時，發現老師指示有關中國問題台灣人不必回答、而台灣問題中國人不必回答的情形，而令他開始考慮自身認同的問題。段震宇在台灣人的小學上學，並沒受到台灣人同學的認同，他也並不認同台灣。就像一般中國難民一樣，他的希望寄託於國民黨的那套神話，他向台灣人同學表示，在反攻中國後他就不必再受台灣人的氣。到美國後他仍繼續認同中國，並參與支持中國民運人士的活動。不過與中國民運人士的直接交談中，發現這些人士的「中國」並不是段氏的「中華民國」，又從其口中聽到「你們台灣」等話語，這時才認知本來所持之國家認同有問題，因而重新調整自己的認同。

「江波」認同台灣，並擁有台灣獨立的想法，此完全是理智思考的結果，他並沒交代如何脫離國民黨中國信條的思考公式。不過，就是因為沒有中國本位思想的束縛，讓他能對台灣的近代歷史做客觀的評價。他看出國民黨的

「中國」於1949年已被中華人民共和國消滅並取而代之，在台灣苟存的國民黨政權，實質上是獨立於中華人民共和國之外的，因此他得到一個結論：台灣只有正名問題而沒有獨立問題。

　　至於維持難民心態的「滯台中國人」會如何調整其心態？當台灣的國家定位越來越明確之後，他們可能移回「祖國」，不過多數人可能不會如此，最有可能的是選擇歸化為台灣國的國民，或維持中國籍而成僑居台灣的華僑。外在因素有時會對「認同」有決定性的影響，鄭氏王朝被滅後，其王族、官員和家眷被遣送回中國本土，那些受清國允許而決定留在台灣的官兵，就從過客心態而轉為移民心態了。當清國割讓台灣給日本時，日本也給當時的清國人歸國或留台歸化的選擇，絕大部份的清國人還是選擇留在台灣。

【第九章】

走出受虐性格的陰影

——台灣人的自救與解脫

　　2000年陳總統在就職演說中再三鼓勵「台灣站起來」，雖然他沒詳細說明，但我們心中對其意涵則相當清楚，因為我們每人都有過鼓勵自己或他人「站起來」的切身經驗。當我們說要「站起來」時，在觀念裡面有兩個對立的陣營：一是我們的價值系統、或要追求的遠景（期待、希望、新的價值系統）；另一個則是敵對的陣營，它攻擊、挑戰我們的價值系統、阻擋我們兌現希望與期待，它阻擋我們「站起來」。這個破壞性陣營內的成員有許多種，包括疾病、經濟困難、社會歧視、暴力等等外來因素，也包括各種心結，例如恐懼、惡習、迷信、或貪婪（既得利益）。當我們「站起來」時，一方面表明、肯定我們自己的價值系統，不屈服於外在的壓力；另一方面則掙脫恐懼、惡習、疼痛、迷信或既得利益等的內在束縛，自由地追求我們的希望與目標。

　　在人際關係也是一樣，當有人企圖以我們為代價來滿足私慾，而侵犯我們的信仰、道德、原則、自尊、利益等時，我們表明自己的價值觀和捍衛它的決心，不讓對方得逞，這就是表明立場──「站起來」。在這種情形下，表明立場通常可令侵犯者放棄以我們為代價來兌現他們之慾望與需要的企圖。不過，不能期待每次表明立場，就能夠博得對方的尊重與喝采，實際上很可能引發對方的敵對行為。因此有時我們會因膽怯或貪戀暫時的平靜而不採取立場，不「站起來」。可是在這種情形下姑息（維持現狀）、遷就（犧牲自己）雖能換來一時的和平，通常也更會刺激與鼓

勵對方「軟土深掘」，再次侵犯我們的價值系統來滿足其私慾。再者，表明立場「站起來」其實不具侵略性，完全是自衛性的行為，對他人無害。每次我們表明立場「站起來」時，對方就得重新估計逞強所必須付出的代價，因此就可能開拓了兩方溝通的管道，通常會產生有益的結果。「站起來」，能夠保衛自己的原則，確立自尊，也可能贏得對方的尊敬，同時可與對方建立平等、互惠的關係。

用「站起來」來比喻掙脫受虐的心理過程是最適當不過的，因為復健工程就是要建立新的世界觀、價值觀和自我觀，並發展新的適應機制和人際行為，才能有健康的生活和人際關係。不過要達到這個目的，也得克服許多外在和內在的阻礙。如果復健工作是在受虐環境內開始的，外在阻力是最明顯不過的，受虐者得自己願意「站起來」，面對施虐者報復或扯後腿的可能，得有自衛或願意逃脫的決心，並願意忍受自立更生的困苦，同時具有在不諒解的親友施壓下「站起來」的心理準備。

至於必須克服的內在阻礙之一，就是施虐者所灌輸的世界觀和價值觀。這些觀念顯示出施虐者對他與週遭關係的看法和交往的原則，也說明施虐者如何看待他與受虐者的關係及對待受虐者的方式。接受這個世界觀的受虐者，也就接受這世界觀替自己所安排的位置及與施虐者的關係。受虐者要自救，就得允許自己去接觸不同的世界觀，以發現既有世界觀的扭曲而替自己鬆綁，讓自己有機會建立健康的世界觀。

受施虐者所灌輸的扭曲自我觀，正適合於施虐者的世界觀中替受虐者所安排的位置和角色，它會強化施虐者的世界觀是「正確」的錯覺。扭曲的自我觀又引導受虐者發展並維持病態的適應機制與腐敗行為。要自救就得從這扭曲的自我觀之中「站起來」，願意用自己的直覺和感官重新認識自己，挖掘被隱藏或受扭曲的歷史而重新對自己做評估，又得願意從既得利益的引誘和腐敗行為的舒適中「站起來」，重新發展健康的適應機制和行為準則，才得重建新生。

幾十年來台灣人自救的過程，和個人的復原過程非常類似。第九及第十兩章嘗試以〈擺脫中國本位的狹窄世界觀〉、〈以台灣觀點看台灣和中國的關係〉、〈以台灣人的觀點看台灣人〉、〈建立心理的安全環境〉、〈從傷痕得到力量〉來敘述和討論。

第一節　擺脫中國本位的狹窄世界觀

一、中國如何看待它與西藏的關係

受虐者依附於施虐者，經由施虐者的感官來觀看施虐者和世界的關係，台灣人在國民黨統治下受教化，而學會經由國民黨中國的眼光來看中國與世界（鄰邦）的關係。經由國民黨中國的眼光，陳若曦在〈藏獨和喇嘛〉[43]一文

43　陳若曦，〈藏獨和喇嘛〉，《打造桃花源》，（台北：台明文化事業有

中間道：「中共統治西藏後，喇嘛概由政府供養，…怎麼
還不安心修行呢？」，她無法理解爲何西藏人在中國統治
下，儘管生活水準提高，喇嘛仍然不滿中國的統治。她思
考後認爲喇嘛不安心修行，是中國對西藏進行宗教壓迫的
結果，因此她說：「宗教只能疏導不能鎮壓」，意謂如果
中國對西藏放棄宗教壓迫的話，西藏人就會心甘情願，讓
中國統治。她盲目地接受中國的觀點，認定西藏屬於中
國。因此，陳若曦無法想像西藏人眼中的西藏是被中國侵
佔的祖國，她更無法想像西藏人有亡國之痛和復國之夢。

　　陳若曦在〈給達賴一點台灣經驗〉[44]一文中寫到拉薩
的一連串暴動「徒然加深了中共對藏地的控制，給雙方人
民造成不幸，也改變不了十二億中國人對西藏自元清以來
『隸屬』中國的這一史實觀點。」她顚倒是非，把責任推
給受害者，指責西藏的反抗是中國加緊控制西藏的原因。
陳若曦經由中國的眼光看西藏，因此她無法看到中國對西
藏的侵佔才是西藏人抵抗的原因。她所看到的反抗，不是
西藏人捍衛「主權」的抗爭，而是「侵犯」中國對西藏
「所有權」的騷動。在她眼中，西藏人的武力鬥爭不是
「起義」，而是「暴動」。經由中國的觀點，只要中國認
定爲領土的地方，她便認爲「是」中國的領土。她的思考
邏輯中，根本沒有當地居民歷史觀和意向的存在。由於這

限公司，1999），頁124-125。

44　陳若曦，〈給達賴一點台灣經驗〉，《打造桃花源》，（台北：台明文
　　化事業有限公司，1999），頁130-132。

種盲點，她才會認爲西藏只有生活水準的問題而沒有國家民族認同的問題，也因此，她才無法了解爲何「一履光鮮、臉孔豐潤」的西藏人仍要逃亡。

　　1945年以後，包括陳若曦在內，大部分接受國民黨教育的台灣人，都被灌輸了「西藏自古屬於中國」的信念，因此可能很多人仍相信西藏是中國的「固有領土」，即使到今日，地圖上中華民國的疆域仍包括西藏。事實上，中國人對西藏的觀點是中國人的事，台灣人並不需要不加思索地接受這些觀念。台灣人若能展開眼界，允許自己接觸西藏人的歷史著作與世界其他國家有關西藏的文獻，就可從這些歷史資料看出，事實並不是中國所認定的那樣一回事。它能令我們了解中國如何看待它和其週遭國家的關係和互動方式，也可看出中國同樣地看待它與台灣的關係。

　　其實，西藏曾是一個國家，它形成的過程和其他國家類似。在1400年前，它由許多部落聯合，「統一」而成爲一個國家。這情形極像秦始皇滅戰國諸國而統一中國，也像成吉思汗聯合蒙古各宗族而統一蒙古一樣。Tsanpo Songtsen Gampo（松贊千布，617-647A.D.）不但聯合居住在西藏高原的遊牧民族，建立了王國，又攻克或降服其鄰國，維持了近三百年的輝煌歷史。當時它的鄰國中國與尼泊爾（西元637年）就以建立姻親的手段，來緩和這個新興強國所帶來的壓力，中國唐朝「文成公主和番」（西元641年）的故事就是中國對付西藏的外交手段。當時的中國歷史（《舊唐書》）便記載著西藏是一個與中國爭霸的強大

國家，又指其其影響力遠及阿拉伯諸國、土耳其和尼泊爾。那時候的西藏曾經佔據中國唐朝的首都長安（西元763年）；又曾多次與中國簽約，制定兩國界線；它也與暹羅（泰國）等國訂有國際條約。其後，西藏帝國時盛時衰，宛如世界各國的命運。興盛時，擴張領土又控制周圍的鄰國；衰弱時，則領土縮小又受到鄰國的左右。歷史上與之互動的鄰國包括蒙古的汗國、尼泊爾的Gorkas王國、中國的滿洲帝國、西夏帝國（Tangut Empire）[45]和佔領印度的英國等等。第9世紀以後，西藏再次逐漸分裂而衰微，許多地方領袖不僅各自為政又相互攻伐。這時西藏引進佛教，更引起西藏社會、經濟與政治結構的重大改變。在佛教的影響下，西藏的注意力往內轉向，而喪失了他們對外的戰鬥精神。這種精神的變化，令西藏逐漸喪失從中國與其他鄰國佔領來的領土。其後，在中國「五代十國」時代（西元907-960年）和宋朝時代（西元960-1278年），西藏與中國兩國間沒有什麼來往，也互不相干。

13世紀時蒙古人崛起，由成吉思汗（Genghis Khan，1162-1227年）開始，蒙古人橫掃歐亞，它降服西夏帝國（1207年）和朝鮮（1218年），消滅亞洲北部女真人的金國（1234年）和南方的中國宋朝（1279年）。這種國際上的變動於是打破了西藏與外界的隔絕；當蒙古消滅西藏的北鄰

---

45 西夏帝國（1032-1227），領土北至內蒙古，南接四川，大致是在黃河北彎和南彎的地帶。

西夏帝國時，成吉思汗的孫子Prince Goden於西元1240年派兵入藏，召見喇嘛Sakya Pandita。[46]西藏自知不是對手而臣服，Goden就封他爲西藏的宗教領袖，形成西藏與蒙古間獨特關係的雛型。後來忽必烈（Kublai Khan,1216-1294年）更封西藏喇嘛爲蒙古帝國的國師和帝師，於是西藏喇嘛Sakya變成蒙古帝國最高的宗教權威，在宗教的地位上，喇嘛Sakya祝福蒙古皇帝，使蒙古皇帝正式成爲佛教信仰中「普世皇帝」的繼承人，而擁有統治全世界的權利。在這層關係下，蒙古仍讓降服的喇嘛全權統治西藏。後來，蒙古的忽必烈於1279年征服中國（滅宋朝），建立元朝，把首都遷到中國。這時的元朝（東蒙古帝國）領土包括蒙古本土外，又有西藏、中國、高麗、西伯利亞、越南與緬甸的一部份。不過，西藏和蒙古帝國這種特殊的關係並沒有持續很久，在元朝還沒被趕出中國之前，西藏就與元朝斷絕這種從屬關係，而隨意地與尼泊爾、喀什米爾等鄰國交易或作戰。後來中國人推翻元朝而建立明朝（1368-1644年），蒙古人因而退回蒙古地帶。打敗蒙古帝國而獨立的明朝對西藏並沒多大興趣，兩國各自爲政、互不相干。

但現代中國人，尤其中國歷史學家，卻把西藏與元朝的這一段關係，當做中國擁有西藏的歷史證據。其實，當蒙古帝國橫掃歐亞兩洲的時候，許多國家的遭遇不是

46　喇嘛Sakya Pandita（1182-1251），1240年受蒙古皇帝的召見，他和侄子同行，於1247年到達蘭州會見Goden Khan。

像中國被滅亡，就是像西藏一般變成了它的保護國。當元朝崩潰時（1368年），西藏與中國同時從元朝的「魔掌」中解放，兩者之間並沒有從屬關係可言，連推翻元朝的明朝也沒如此主張過。今日的中國，卻把中國與西藏同被蒙古帝國統治或附屬的事實，當做中國擁有西藏領土所有權的證據，實在荒謬。其實，現在的蒙古共和國比中國更有理由稱西藏爲蒙古的領土，因歷史上西藏確實曾經是它的藩屬。

眾所皆知，明朝後來被亞洲北方的鄰國「清」（Chin）帝國滅亡（1644），如此中國在亡國了二百多年後才復國（1911）。佔領中國的第一個清皇帝順治（1644-1661）於1653年邀請達賴喇嘛面會，兩人再次肯定了「清」帝國還沒征服中國以前，皇太極（Abahai）與喇嘛兩人所建立的關係：即在宗教上清皇帝崇拜喇嘛，喇嘛祝福清皇帝，清皇帝則保護他的宗教教師。很明顯地，這種關係是蒙古帝國與西藏關係的再版。但是征服中國以後，清帝國與西藏的關係隨著當時的國際情勢而轉變，與蒙西關係不盡相同。當時清帝國與蒙古（由西蒙古之支族Jungars爲主幹的國家）[47]互相爭奪在西藏的勢力範圍，兩國都利用西藏的

47　準噶爾（Jungars）是西蒙古（Oirats）支族之一，居住地從今天 Kazakhstan 的Balkhash湖地帶，向東延伸到今日中國的新疆北部。1670 年Galdon Khan建立準噶爾帝國，在17世紀控制了蒙古的大部份地區，1636年西藏歸順爲它的保護國。後和清帝國爭奪西藏的控制，不幸戰敗，於1732年被清國侵入擊垮，而喪失蒙古的獨立地位。

內鬥企圖鞏固自己的影響力。因此在公元1720-1792年之間，清帝國曾四次受邀派兵進入西藏（康熙、雍正、乾隆），其中最後一次，是因尼泊爾侵入西藏而引起。事件發生於18世紀，尼泊爾的Gorkha王國興起，統一尼泊爾，後入侵西藏。西藏不敵，請求清帝國派兵援助。清國乾隆皇帝出兵擊敗Gorkha，於1792年雙方訂定和平條約。該條約讓清朝擴大駐西藏代表（Ambans）的權力，Ambans不僅控制西藏的外交，也主導喇嘛的選舉方式，他又是喇嘛與清皇帝間溝通的管道。

後來清朝逐漸衰弱，為了應付西歐勢力侵入而自顧不暇。因此，當1854年Gorkha王國再次侵入西藏時，清朝便無力出兵干涉。受侵的西藏只好與尼泊爾的Gorkha王國簽訂和約，而成為尼泊爾的保護國，但這也不過是紙上關係而已，因西藏仍自行與錫金和俄羅斯等國家簽訂條約，並未受制於他國。在1910年間，清朝、英國及其他強國互相爭奪在西藏勢力範圍，清朝主動出兵侵略西藏，廢除喇嘛，將佔領的地帶劃入鄰近的省份，當時滿洲將軍趙爾豐更建議乾脆把西藏全部劃為清帝國的一省。由於這次清帝國不請自來地侵入西藏，由西藏的保護國變成侵略國。原先逃到印度躲避英軍的達賴喇嘛，於是發表聲明譴責清朝不尊重西藏的主權獨立，破壞兩國間的宗教關係，達賴喇嘛更進一步宣佈斷絕與清國的從屬關係。1911年，當中國推翻清朝而建立「中華民國」時，在西藏的清兵叛變，西藏也趁機將這些清兵趕出西藏。西藏堅持不允許清兵直接經過藏、中邊境遣回中國，那些

投降繳械的滿洲兵與中國兵只好經由第三國印度回到中國。喇嘛於1913年2月13日由印度回西藏，向西藏人宣佈西藏獨立，又宣佈他自己在西藏的最高地位。

這時，中國與西藏同時從異族滿洲的統治下解放，各自宣佈獨立，兩者之間並沒有從屬關係。可是中華民國的袁世凱總統，卻在1912年宣稱蒙古、西藏和新疆為其領土，並出兵侵略西藏，但被西藏擊退。1918年中國再次入侵西藏，又被西藏擊敗，這次有三千名中國軍隊投降。他們又在西藏的堅持下，經第三國印度被送回中國。可是，中國並不甘休，1931年中國蔣介石的軍隊再次侵略西藏，這次西藏打退中國軍隊之餘，更佔領到中國的一部份領土。中華民國從1911年建國到1949年滅亡為止，屢次侵略西藏，都折翼而歸，根本不曾佔領或統治過西藏。儘管如此，中國（中華民國）卻在地圖上一直把西藏畫為中國的領土。除軍事行動外，中華民國也曾多次要求西藏宣佈西藏為中國的一部份，但西藏拒絕，堅持西藏「自古」就是獨立的國家。二次大戰中，西藏在國際上保持中立，和鄰近國家維持外交關係，只對蘇聯與蒙古敬而遠之，因它害怕共產主義入侵西藏，改變它既有的社會構造與權力分配。

儘管西藏自認獨立，並且為了保衛國土也不惜和中國等侵略國作戰。不幸的是，早在清朝時代，西藏就開始自掘墳墓。西藏與外國舉行談判時，如果不喜歡外國所開出的條件，便用「得請示清皇帝」的藉口搪塞，令外國人迷糊，不知該與誰進行談判，更不清楚西藏到底是主權獨立

的國家或完全受制於清國。西藏夾在英國與清國兩國的野心之間，也常在壓力下屈服，而在和約中提及清國爲宗主國（overlord），以維持實質上的行政獨立。這種以「務實」爲目的、不計較「名份」的外交（和目前台灣採取的方法相近），不僅顯示落後國家對外交的無知，更成爲它的致命傷。二次世界大戰結束時，西藏派遣使節到各國參加慶祝會，企圖凸顯它也是國際社會一員的形象。當西藏要派遣使節到中國南京祝賀時，英國勸阻。但它依舊派員前往，而落入中國的陷阱。對外交無知的西藏使節不知有詐，應邀出席中國「國民大會」，結果此舉被中國大肆宣傳，佯稱這是西藏自認屬於中國的意思表示。儘管如此，中華民國還是無法眞正佔領西藏。

話雖如此，西藏的大限已至，中國內戰多年後，中國共產黨終於在1949年推翻中華民國，建立中華人民共和國。隔年，新成立的中華人民共和國派遣四萬多名解放軍入侵西藏，八千名左右的西藏軍隊不堪一擊，西藏不得不與中國訂下〈西藏和平解放十七條件〉而亡國。西藏這個國家在立國1400年後，於1950年被中國佔領而滅亡。這是歷史上中國第一次佔領又併呑西藏，在此之前西藏並不屬於中國。

從歷史看來，可輕易的了解爲何今天西藏人要獨立或復國，爲何他們認爲西藏本來就是獨立的國家，也可看出中國人如何扭曲歷史事實，並藉其正當化其領土擴張的野心。這並不是一個單獨事件，中國對蒙古的思考也是如出

一轍。

二、中國如何看待它與蒙古的關係

今天在中華民國的地圖上，除了包括西藏外，也把聯合國會員國「蒙古人民共和國」的國土劃爲領土。連承認外蒙古爲「獨立國家」的中華人民共和國，也曾要求蘇聯承認蒙古爲中國的領土。爲什麼近代的中國人，不管是「中華民國」或「中華人民共和國」的中國人都稱蒙古是中國的領土呢？對這課題，可從蒙古本身的歷史來了解。

1368年蒙古帝國崩潰後，蒙古分爲西蒙古（Oirats）[48]與東蒙古[49]，東蒙古又分爲外蒙古（Khalkha）和內蒙古。外蒙古的所在地區相當於今日的蒙古人民共和國一帶，而內蒙古地區則已被中國併吞，成爲中華人民共和國的一部份。被中國人（明朝）擊敗而退出中國的蒙古人，雖然擁有偉大的「共同祖先」成吉思汗，但這並不能凝結爲一個強烈的「蒙古人意識」而團結各宗族，他們維持了遊牧民族對宗族忠誠的傳統。在對宗族忠誠的傳統下，他們只效忠宗

---

48 西蒙古又名瓦拉（Oirats），是蒙古族的一支，分布於the Altai地帶（新疆和蒙古西部），於15世紀統一蒙古，版圖從中亞細亞的北部，西到Ural mountains，東至lake Baykal（外蒙古北方的西伯利亞），1449年和中國明朝交戰，俘虜明朝皇帝。東西蒙古隨後又分裂。後分布於戈壁沙漠周圍的東蒙古（Khalkha）興起，於1551年擊敗西蒙古並統一蒙古，於1571年和中國明朝簽和約。

49 *The Modern History of Mongolia,* C.R. Bawden, Frederick A. Praeger, Publisher, New York 1968

族領袖或個人，因此各宗族間不時自相殘殺，時分時合。

在亞洲北部的女眞人，曾建立強大的金帝國，其後裔滿洲人（Manchus）也在16世紀再次逐漸強盛。這時，早已撤出中國的蒙古帝國（元）的最後一個皇帝Ligdan Khan（1604-1634），實質上只控制了內蒙古的察哈爾（Chahar）地帶，他無法聯合各支族再次復興「大蒙古帝國」。在這樣的情形下，各宗族領袖各自爲政又互相征伐，更有一些宗族領袖投靠了外蒙古或滿洲（Manchus）。這些投靠滿洲的蒙古宗族，與滿洲的努爾哈赤（Nuerhachi）及其繼承人阿拔海（Abahai）分別簽訂友好條約。面對這個位於北方，逐漸強盛的滿洲帝國，內蒙古的皇帝Ligdan坐立不安，因此和中國的明朝結盟以求生存。可是這個策略於事無補，1632年滿洲帝國聯合其盟國擊敗了內蒙古的Ligdan。Ligdan西逃，死於異鄉，其子於1635年帶族人回鄉，向滿洲帝國投降，並與阿拔海（皇太極）的女兒Makata結婚。隔年滿洲帝國的阿拔海自立爲皇帝，改國名爲「清」（chin），這時「內蒙古」六旗共有49個王子參與盛禮，從此以後失去獨立的地位。

1644年，清帝國南下滅亡明朝，征服中國，這時的外蒙古（Khalkha）仍是獨立國家，但它夾在清國與西蒙古（Jungar Empire）這兩大強國間，有隨時被滅的危險。這時的西蒙古是由蒙古瓦拉（Oirats）支族（Jungars）爲主幹的國家，當它東進，逐一擊敗外蒙古的各個汗國時，外蒙古便向已遷都北京的清朝求援。起初康熙皇帝並不願介入這

個國際戰爭，但他考慮到，一旦這些蒙古汗國潰敗，而帶族人逃到清國的話，清國不僅得供給他們游牧的草地，又必須負起其他的經濟重擔。因此康熙皇帝改變初衷，出兵攻打西蒙古，終於在Ulanbudang（今天蒙古首都烏蘭巴托附近）擊敗了西蒙古，西蒙古不得不退回蒙古西部和新疆地帶的故居。次年康熙在內蒙古的Dolonnor招降，外蒙古包括三大汗國，共有五百多位貴族參與而歸順清朝。從此以後兩百年之間，外蒙古無法進行獨立的外交關係。清朝又靠著建立姻親、封爵、恩賞等等策略來維持它和蒙古間的從屬關係。清朝用蒙古人當作清國和俄羅斯邊界的守衛軍，也用他們來鎮壓中國境內的叛亂。清朝又阻止中國人移民蒙古，儘量保持蒙古人的生活方式。如此，蒙古人所盡忠的對象實際上是清朝皇室而不是中國。不過，蒙古對清帝國也不是一味順服的，在18世紀初便有多次起義。但這些起義者常陷於自相殘殺，不懂互相聯合起來地對抗滿洲。更諷刺的是，這些起義大多被效忠滿洲的蒙古將軍撲滅。現代中國人「擁有蒙古」的信念，就是以這一段滿洲帝國與蒙古的關係為基礎的。

1911年中國人革命，推翻滿洲帝國這個外來政權時，蒙古也利用這機會接受俄羅斯的援助，宣佈獨立建立王國。這時內蒙古雖想收復失地（外蒙古南部地帶、內蒙古）而建立一個媲美昔日的蒙古帝國。但它自身難保，雖有西藏承認這新建立的蒙古王國，但因對國際外交的無知，無法爭取大國對其的承認，國際上沒有國家承認它的國家地位。

　　蒙古的獨立運動就是這樣從內蒙古（熱河、察哈爾、綏遠、寧夏）開始的，[50]他們想聯合外蒙古而建立一個獨立的國家。可是內蒙古卻另有想法，它不願見到獨立後的「蒙古」內部，外蒙古比內蒙古更有勢力（台灣的弱勢族群也有不願見獨立後福佬人獨大的傾向）。內蒙古也不願放棄既得利益，當時內蒙古在經濟上依賴中國甚深，許多宗族領袖不願放棄與中國貿易的收入，因而對獨立不能盡心（類似今天台灣商人不分敵我，依賴中國，不斷將產業移往中國的現象）。同時，內蒙古的領袖們更陶醉於一個致命的幻想，他們認為獨立後受到俄羅斯的控制，不見得比附屬於衰弱的中國好，因此許多內蒙古的宗族領袖逐一接受中國（中華民國）授封的頭銜。受到這些致命因素的影響，雖然在戰場上蒙古軍一一擊敗中國軍，但獨立運動卻不了了之，那些堅持獨立的內蒙古領袖只好逃到外蒙古去。與內蒙古相較，外蒙古的命運也沒好多少，它夾在俄羅斯、中國與日本三國的野心之間，無法達成有效的獨立，在參加1913年和1915年的三國條約之後，蒙古王國變成為中國的自治區。

　　雖然中國人認為推翻清朝，是驅逐外來政權的民族革命，但對同樣自外來政權的統治中解脫的內蒙古和外蒙古，卻認為是自己的領土。因此，中華民國於1919年進兵侵入外蒙古。這時俄羅斯帝國的壽命已近尾聲，自顧不暇，無法再次援助蒙古，因此蒙古被中國佔領。不過，中

50　*The Mongols of Manchuria,* Owen Lattimore, The John Day Company, 1934

國佔領蒙古的時間不長，蘇維埃革命奪得政權後，接受流亡蘇聯的蒙古政府的「邀請」，於1921年出兵進佔蒙古首都烏蘭巴托，於1924年創立了蒙古人民共和國。25年後，中國共產黨推翻中華民國，於1949年10月1日建立中華人民共和國。5日後承認蒙古人民共和國，並與之建立外交關係。蒙古幾經多年的奮鬥，終於在建國37年後的1961年加入聯合國，成為聯合國的一員而鞏固了它的生存。

　　一旦擺脫中國觀點，就可清楚地看出，在歷史上蒙古與西藏從來就不是中國的領土，蒙古人與西藏人更不是中國人。但中國人卻根據西藏和中國曾經先後淪為元帝國的附庸國、領土的事實，以及西藏、蒙古和中國曾經同是清帝國附庸國、領土的事實，而佯稱西藏、蒙古皆為中國固有的領土。換言之，西藏和中國曾同是蒙古稱霸的受害者，西藏、蒙古和中國也曾同是滿洲統治下的受害者。可是，一旦征服者被推翻後，受害者之一的中國卻搖身一變，自稱是征服者的繼承人，堅持把同是受難者的西藏與蒙古領土佔為己有。這就是中國要「收復」西藏、蒙古等「神聖領土」的思考模式。

　　中國人本身以歪曲的歷史觀來看待它與鄰國的關係，台灣人卻大可不必以同樣的眼光來看待中國和其鄰國（尤其是蒙古和西藏）的關係。台灣人更必須提醒自己，中國人不僅以類似的歪曲眼光看待台灣，國民黨政權更以這種歪曲的史觀，灌輸台灣人台灣與中國的從屬關係。因此，台灣人

自救工作的其中一項，就是擺脫這種中國本位的歷史觀。

第二節　以台灣觀點看待台灣與中國的關係

　　中國人稱台灣「自古」屬於中國，50年來國民黨政權便灌輸台灣人這種歪曲的歷史觀，以致今日仍有許多台灣人執迷於這種信念。可喜的是，台灣人歷史學家已揭下這層被國民黨政權遮蓋在台灣歷史上的面紗，而向台灣人展示出台灣「自古」不屬於中國的眞相。

　　在〈台灣自古不屬中國，現在也是〉[51]一文中，李筱峰教授指出中國一口咬定台灣自古屬於中國的說法有兩個來源：

> 　　一是根據《三國志》〈吳書〉的記載：「黃龍二年（230A.
> D.）春正月，遣將軍衞溫、諸葛直將甲士萬人浮海求夷洲及亶
> 洲。…得夷洲數千人還。」…中國學者的另一個根據更好笑，
> 那就是根據《隋書》〈東夷列傳〉所記載的，隋煬帝（605-618A.
> D.）曾派軍隊入海到「琉求國」…擄其男女數千人，載軍實而
> 還，自爾遂絕。

　　我們看出這只是記載中國擄掠過夷洲、亶洲及琉求國的海盜行為而已。這幾個地方是否就是台灣仍大有疑問，

51　李筱峰，〈台灣自古不屬中國，現在也是〉，《台灣公論報》，2001年1月25日。

如果這種擄掠行為是領土所有權的根據，那倭寇搶劫中國沿海的歷史也可成為日本擁有中國沿海的歷史根據。匈奴、韃旦等等民族的後裔更可根據他們祖先搶掠中國的歷史，聲稱中國北方是他們「自古的神聖國土」，而要求中國割讓。

李筱峰在同文又指出，中國明朝曾清楚地表明過台灣不是中國的領土，也沒有佔領台灣為領土的野心。他說：

> 荷蘭人曾於1602年及1623年兩度佔領已隸屬明帝國的澎湖，第一次（1602）經沈有容交涉，荷蘭退出澎湖；第二度（1623）佔領時，明帝國當局再度要求荷蘭撤離澎湖，…交涉當中，明朝曾建議荷蘭不妨到台灣去，…。
>
> …雙方經過八個多月交戰，最後議和，在和約中達成三項協議：一、荷蘭退出澎湖；二、荷人退出澎湖去佔領台灣，明政府沒有異議；准許荷蘭人今後在明帝國通商，明帝國商船也可以往台灣及爪哇與荷蘭人交易。這就是荷蘭人在1624年進入台灣，建立台灣史上的第一個統治政權的背景。

鄭成功的孫子，鄭克塽於公元1683年降清，但清國並無意將台灣納入版圖之中，認為台灣收入版圖與否，對清國沒有影響。李筱峰指出：

> 康熙皇帝還這樣說：「台灣屬海外地方，無甚關係；因從未響化，肆行騷擾，濱海居民迄無寧日，故興師進剿。及

台灣未順，亦不足爲治道之缺，…台灣僅彈丸之地，得之無
所加，不得無所損。」

經過八個月的觀望考慮，清國最後才決定把台灣併入版
圖。…雍正皇帝説：「台灣地方自古不屬中國，我皇考聖略
神威，拓入版圖。」清朝的史家趙翼也説：「台灣自古不隸
中國。」

如此，改變初衷而佔領台灣的清帝國就成了台灣歷史
上的第三個外來政權。實際上，滿洲滅中國在先，佔領台
灣在後。台灣與中國的共同處境是於公元1683-1895年之
間，兩者同是清帝國的領土，台灣與遭到滅亡的中國之間
並無從屬關係。公元1895年清朝在馬關條約中正式將台灣
割讓給日本，終止了對台灣的所有權。因此，台灣事實上
比中國早16年脫離滿洲帝國的統治。

日本統治台灣50年後，於第二次世界大戰戰敗，向同
盟國聯軍投降（1945）。國民黨中國奉同盟國聯軍之命，以
「台灣佔領軍」的身分進佔台灣，但卻對台灣人宣稱，是
根據〈開羅宣言〉的內容「收復失土」。經過台灣學者的
研究，[52]實際上，國民黨中國所依賴的〈開羅宣言〉只不過
是一張沒人簽字（連中國都沒簽字）的新聞稿，並不是一個有
約束力的法律文件。許多台灣學者也指出另外一個重要的
事實，即1951年同盟國與日本簽訂舊金山和約時（中華人民共

---

52 沈建德，〈不知有主權，抗煞添困難〉，《台灣日報》，2003年4月4
日。

和國、中華民國沒被邀請），日本才正式放棄對台灣的主權（〈舊
金山合約〉第二條第二項：「日本茲放棄其對於台灣及澎湖群島之一切權
利，權利名義與要求」），但沒把台灣的主權轉讓給任何一個
國家；就在這和約生效的同日（1952年2月28日），日本與中華
民國簽署和平條約，其條約第二條規定「茲承認依照舊金
山合約第二條日本國已放棄對於台灣及澎湖群島之一切權
利，權利名義與要求」，日本仍未將台灣的主權轉讓給中華
民國。[53]所以從1945年到1952年間，雖然國民黨中國統治台
灣，但其主權仍然屬於日本。中華人民共和國於公元1949年
成立，取代中華民國而成爲中國的統治者，但從它立國開始
到今日，未曾佔領或統治過台灣，日本也沒在任何合約中將
台灣主權讓渡給中華人民共和國，這更證明台灣從來不是中
國的領土。不僅如此，〈舊金山和約〉與〈日華和約〉中，
隻字不提〈開羅宣言〉，證明所謂〈開羅宣言〉根本不是台
灣所有權歸屬的法源基礎。由此再次可看出中國人歷史思考
模式的一貫性，西藏、蒙古和台灣在歷史上與中國發生關
聯，中國便認爲這些地方是它的領土。

　　台灣人對於不屬於中國的認知，在國民黨政權統治的
後期，在「中華民國主權獨立」的口號中顯現，隨後並修
憲把「目前」的疆域限縮於「台、澎、金、馬」四地區，
而和中華人民共和國的領域分開。完成這個層次的修憲

53　黃昭堂，〈舊金山合約生效，日華和約簽署50週年〉，《台灣公論
　　報》，2002年5月7日。

後，李登輝總統在1999年7月藉由接受德國記者訪問的機會，向世界公布「中華民國（台灣）與中國是特殊國與國的關係」而引起國際關注。同年在野的民進黨也修正〈台灣前途決議案〉，宣稱「台灣」主權獨立，只是目前的國名叫「中華民國」。

台灣人認清，單單理智上的了解與政治上的安排，並不足以讓台灣人完全擺脫中國本位（sinocentric）的歷史觀，也無法完全擺脫「台灣屬於中國」的教條。爲了要擺脫這些枷鎖，必須再進一步於日常生活中，袪除許多慣用的中國本位的觀念、用詞與歪曲的思考方式。

現在認爲台灣是主權獨立的國家，又認爲台灣與中國是「國與國」關係的台灣人越來越多。與以前相比，現在有更多人在文章或言論上，稱自己的國家爲「台灣」，又直稱台灣海峽對岸的鄰國爲「中華人民共和國」或「中國」。從台灣人的眼光，看到在沿海增置飛彈威脅「台灣」的是「中國」而不是「對岸」，談論的是「中國」漁船侵入「台灣」領海的問題，在言談間，觸及的也是台灣人到「中國」旅行或經商等的見聞。可是，多年以來，受國民黨灌輸「台灣爲中國離島」的觀念和用詞，一不留意仍會在日常用語上顯現。這就像沒完全消滅而仍潛伏體內的細菌，一旦對於身體的保健疏忽了，病症就會出現一樣。以下是筆名「陰陽叟」所寫的一篇文章[54]，顯示出作

---

54 陰陽叟，〈如果王永慶有幸垂簾聽政〉，《太平洋時報》，美國，2001年7月5日。

者使用新觀念的努力和習性觀念的難纏：

> 一年來，台灣之經濟受到世界經濟蕭條影響，加上很多短視的台灣大企業團投資西進大陸，更讓台灣的經貿雪上加霜，失業人口大增。此時不懂政治的王永慶也蠢蠢欲動，欲大量投資大陸幾百億的企業，爲了取悅大陸，以商圍政，提出中國的一中原則，要求政府改變政策，鬆綁戒急用忍，並立即三通。大言不慚地說是可以解決台灣經貿的困境。

> 想不到「愛台灣」，心在中國的宋楚瑜立即呼應王永慶的主張，說這是當今台灣民意的主流。然而，司馬昭之心路人皆知，王宋兩人一唱一和，不顧台灣人民的生活安危，其心奇毒無比。

> 如果去年宋張一派當選總統副總統，王永慶一定垂簾聽政，一個年高86歲的老大人，爲了個人的己利，一定罔顧台灣的同胞成爲中國的「呆胞」…。

在最後兩段中，作者寫出「台灣」別於「中國」的國家觀念，可是在前面談論經濟的一段，他仍困於長年習性的陷阱，而把「台灣」與「中國」當做一國的兩地區，因此他才有「台灣」大企業團投資西進「大陸」，王永慶取悅「大陸」的寫法。若台灣爲主權獨立國家的觀念前後一致，文章的內容應表述爲台灣企業家投資「中國」、王永慶取悅「中國」，而不是「大陸」。

這並不只是陰陽叟個人的矛盾，許多認爲台灣是獨立

國家的人也有類似的語病。台灣人常常毫無警惕地稱某某人娶個「大陸妹」、到歌廳欣賞「大陸」歌星的演唱、認識一位「大陸人」或憂慮「陸資」滲透台灣等等。這些用詞所表達的都是台灣「離島」相對於大陸「本土」的觀念，並不是「台灣」相對於「中國」的國際觀。

當然，按就職宣示效忠「中華民國」的台灣官員更是有意或無意地把台灣當做中國的離島看待。有一則新聞如此敘述：

> …台灣資金透過地下管道…匯往大陸…。…大陸總理朱鎔基讓中國經濟『軟著陸』。林中斌（陸委會副主委）表示，新政府上任後對大陸表示極大善意，…。[55]

很顯然的，這則新聞的內容並不把台灣資金流向中國當做國際資金的流動，而視爲地區間的資金運送，它又將雙方政府當做一個國家裡的兩個地方政府，因此才有「（台灣）新政府」向「大陸」表示善意的說法。同樣的道理，把「中華人民共和國」總理朱鎔基的頭銜改爲「大陸」總理。要是在觀念上把自己矮化爲中國的「地方」，面對中國的官員時，怎能以平等的心態對應？

雖然理智擁有台灣與中國是兩個國家的清楚觀念，但若是在日常生活中，仍不時運用中國本位的詞彙，不知不

---

55 自由電子新聞報，2001年1月31日。

覺中會腐蝕「台灣為一個主權獨立國家」的信念。在掙脫
受虐心態者的言行中也常見類似的現象：一方面培養有獨
立的自我觀，但不時又表現出施虐者所塑造的自我觀。

　　台灣人除了有這種心理障礙之外，更有外在敵人的作
祟。台灣的統派媒體不時利用機會，刻意製造台灣和中國
不是「國與國」關係的假象，擾亂台灣人國家主權獨立
的觀念和態度。利用各種方式強調只有中華民國（分裂的
中國）而沒有台灣這個國家主權的存在，它們有技巧地利
用台灣人的心理障礙，進行一場消滅「台灣主權獨立」觀
念的戰爭。幸好，台灣人雖有病，但並不是坐以待斃的傻
瓜，下面這篇文章就清楚地指出台灣統派媒體的居心：

　　…明明外國媒體發的稿寫的是China（中國），我國媒體
就硬要翻成大陸（mainland）、中國大陸（mainland China）或是
中共。…當美國總統演講提到China and Taiwan時，台灣媒
體就硬要拗成大陸（mainland）與中華民國（ROC），當提到
both countries明明就是指『兩國』，但經媒體翻譯後就被扭
曲為兩岸（bothsides），如果提到Taiwan，部分媒體更是誤導
地翻譯成中華民國、『中』方，最重要的是『US——Taiwan
Relationship』的台灣就被故意翻譯為『美"中"關係』。[56]

　　雖然目前「一中」議題仍經常佔據報紙篇幅，但對堅

56　〈還我忠實視聽權！請媒體外電翻譯講清楚說明白〉，Cleveland台灣同
　　鄉會會刊轉載，2003。

信台灣是主權獨立國家的人來說，它根本就不是議題。源興伯曾指出：「一漢兩國不需要尋求共識，因爲一漢兩國早已是事實。」。[57]他知道「一中」的定義根本就是中華人民共和國的問題，而台灣的責任在於如何保持和鞏固台灣的主權獨立。如果台灣是主權獨立的國家，則不存在台灣是否與中國統一的問題，唯有台灣可能被中國「併吞」的危險。因此，和「源興伯」有同感的台灣人，就不會再使用「與中國統一」的字眼，而使用「被中國併吞」來傳達對台灣主權存續的擔憂。

從台灣的觀點來看，台灣與中國的關係是「兩國關係」而不是「兩岸關係」，應與中國討論的不是「中國」的定義問題，而是外交關係。[58]認定台灣是主權獨立的國家，就會毫無保留地使用「兩國關係」或「兩國貿易」來稱呼台灣與中國之間的來往。[59]若有台灣主權獨立的信念，對於在沿海佈置大量飛彈、日夜恫嚇台灣的中國，台灣人便不會稱之爲「兄弟之邦」來自欺，也不會選出自稱「我們中國人」的人作爲民意代表。所謂的「國統會」不外是促成台灣投降、自我滅亡、貶抑台灣主權的機構。基於台灣主權獨立的立場，應該要求政府撤銷這種推行施虐

57 源興伯，〈一漢兩國不需各自表述〉，《南方快報》，2001年1月1日。

58 羅榮光，〈趕緊建立「一個台灣」原則〉，《公論報》，美國，2000年11月30日。

59 相對地，會把「兩岸關係」或「兩岸交流」用來形容淡水河或頭前溪兩岸住民的關係。

者價值觀的單位。

有了「台灣為獨立國家」的信念，商人就該拋棄「中華民國」而用「台灣」作為外銷產品的國名。在日常生活中用「台灣」兩字稱呼本國，無疑會增強「台灣」為獨立國家的認同。不久的將來，台灣人就會完全拒絕把「台灣」當做「台灣——大陸」的相關名詞來運用。當這個希望變成事實的那天，台灣再也找不到和「大陸妹」結婚的台灣人，唯有的是娶中國女性的台灣人；來台灣賣淫的「大陸妹」也會絕跡，令台灣人所關懷的是包括「中國」女人在內的國際賣淫問題、和隨之而來的人道、社會與衛生等國際問題；台灣人更會清晰地看出對台灣的威脅來自鄰國「中國」而不是模糊的「大陸」；台灣人也會憤慨「中國」海空軍侵入台灣的領海、空，而不是操心「對岸」海空軍闖越海峽中線。認清台灣為主權獨立國家的事實，台灣人一定會關心所謂的「三通」是否比照國際關係的規則辦理，因事關台灣與中國兩國的來往，而不是「兩岸」關係。

從台灣的觀點而言，台灣自古不屬中國，現在則是主權獨立的國家。因此，台灣人歡迎任何增進、確保台灣主權獨立的行動或言論，而不會為之感到歉意，也不會有趕緊和「台獨」劃清界線的「強迫性行為」。同時，經由台灣的眼光，會看出一方面宣稱「台灣主權獨立」，又和「台獨」劃清界線的虛偽性，更會領會出和台獨理念劃清界線的行為是受虐時代遺留的後遺症。在不必自我辯護的

同時，由台灣本位的觀點，更要質問反台獨的人，爲何他們要傷害台灣主權的獨立。有了台灣主權獨立的信念，就會相信「台獨意識」是保衛台灣安全的精神堡壘；相反地，主張台灣屬於中國的「中國意識」，則是有問題的「意識形態」，挑起台灣社會的不安、引起族群分裂，是危害台灣安全的意識形態。

台灣正名運動由來已久，但起初都是個人或私人團體的行爲。眾所周知，國民黨政權不允許「台灣人」的自稱，也不准團體以「台灣」掛名，受允許而能存在的只有「本省人」或「台灣省某某團體」。不過在國外，絕大部份的台灣人都以「台灣人」自稱，他們所組織的各種團體也以「台灣」爲名。最近幾年來，台灣的民間團體也漸採同樣的作法。可是，今日台灣仍到處充斥「中國信託」、「中國時報」、「中華航空公司」、「中國石油」、「中國童子軍」之類的機關組織名稱。最荒唐的是，「台灣」這個主權獨立的國家仍然沿襲中國歷史上一個朝代的名字──「中華民國」，而不能使用表達主權獨立的國名──「台灣」。終於，第二屆「世界台灣人聯合大會」於2002年3月在台北開會時，以「台灣正名」爲大會主題，會後舉行以「台灣正名」爲訴求的遊行。隨後5月台灣本土也發動「台灣正名」大遊行。在同年8月，日本舉行的世界台灣同鄉會也以「台灣正名」爲主題，當時陳總統藉由網路視訊向與會者發表演說，肯定大會的訴求。其後在美國，由「台灣獨立聯盟」發起萬人簽名運動，把萬人簽名

的影本分送台灣駐美辦處代表、台灣總統、外交部和立法院，要求台灣駐外單位以「台灣」兩字爲駐外單位的國家名稱。這幾十年來私人或私人團體默默進行著台灣「正名運動」，如此演變成爲一個社會運動，它是「台灣爲主權獨立國家」意識的凝聚，而運動本身也會擴大吸引更多人的投入。來日以「台灣」兩字作爲台灣的國名時，更會促進和確定台灣人的國家認同，杜絕台灣人和中國人間的混淆。

第三節　以台灣人的觀點看台灣人

一、台灣人的定義

〈台灣意識生長歷史與困擾〉一章曾提及，在荷蘭人佔領台灣之前，台灣的原住民諸族間，既沒有「台灣人」意識的存在，更談不上有「台灣人」的自稱。就是在鄭氏王朝和清朝時代也沒有正式「台灣人」的稱呼，直到清朝割讓台灣給日本時，爲了和台灣反抗軍劃清界線，清朝稱台灣居民爲台灣人。在日本時代有日本「內地人」和「台灣人」的區別稱呼，台灣的居民也在這期間把「台灣人」當做自己的稱呼。這個稱呼的出現，就是台灣意識出現和成立的具體表現，「台灣人」是向日本政府爭取權利和平等待遇的集合體。但是，「台灣人」的稱呼和自稱卻在中國國民黨統治下遭受不同的對待，國民黨中國企圖消滅「台灣人意識」，因此刻意以「台灣省」取代「台灣」，

以「本省人」取代「台灣人」的稱呼。國民黨中國企圖把
「台灣」地區化，又貶低「台灣人」的位階。可是台灣人
的自稱並沒完全被消滅，在近五十年來，受世界民權思想
的薰陶，又從與國民黨政府鬥爭、爭取自由的經驗中，明
確地建立了新的台灣人觀念，這個觀念是以心理上的「認
同」爲其基本條件，在成熟的台灣人意識當中，凡是住在
台灣這塊土地上，認同台灣的，都是台灣人。在這種定義
下，台灣人包括了原住民、福佬人、客家人和1949年以後
到台灣而認同台灣的中國人。這觀念採納了近代以土地或
居住地爲「認同」基礎的觀點，摒棄以血緣關係爲準則的
古老觀念。因此，凡是認同台灣，以台灣爲根，以保護台
灣、愛護台灣爲己任的就是台灣人。形成認同的準則有多
種，落後或封閉性的民族認同大多以血緣爲其基本條件，
但先進、多元的國家像美國，則以國家認同爲其基本條
件，另有多元的國家，像日本和中國，則是以捏造的血統
（天照天皇、黃帝）爲其認同的基礎。

二、堅定台灣人意識，步上台灣意識的道德高原

在台灣人的定義下，從國民黨中國的觀點所見之「本
省人」與「外省人」的區分就會消失，因爲凡是認同台灣
的「外省人」就是台灣人。可是，這定義下的「台灣人」
並不能將所有原「外省人」都當作是台灣人，因爲有一群
原「外省人」堅持他們中國人的意識形態，堅持對中國的
認同。以台灣爲主體的立場來看，這些人其實是「滯台中

國人」，他們一口咬定台灣是中國人的領土，不願讓台灣人民全體來決定台灣的前途，難怪他們在台北街頭上揮舞著中華人民共和國的五星旗，抗議那些伸張台灣主權的活動。

由於台灣特殊的政治、歷史環境，與民主政治制度的實施，滯台中國人跟台灣人享有同樣的權利。因此，在政治舞台上才有「台灣屬於台灣人」的聲浪，又另有「台灣屬於中國人」的抗議。這種爭執從台灣人的觀點來看，實際上是國家認同的衝突，[60]是全台灣人與滯台中國人之間的鬥爭，而不是多元台灣人當中的族群鬥爭。目前在台灣，所謂「意識形態」之爭，是「中國人意識形態」對「台灣人意識形態」的敵視，並無所謂「外省人」與台灣人之爭。由於這個爭執起源於中國本位的觀點，他們不能看到自己的中國人意識形態，只看到立場不同的台灣人意識形態，而盲目地指控台灣人有意識形態的問題。

在企圖消滅台灣意識的鬥爭中，滯台中國人常將「省籍對立」或「族群對立」等罪名，強加於台灣人之上，希望台灣人因而感到愧疚，而自我退縮。在國民黨中國的統治下，這些罪名不僅是統治者媒體攻訐時所用的「道德」罪名，也是情治單位羅織罪名、陷人於罪的理由，因此台灣人對此感到恐懼而避之唯恐不及。現在雖然國民黨已垮台，不幸地是，它仍掌握相當有影響力的媒體，而照樣譴

---

60 鑫森水，〈「省籍情結」還是「國籍情結」〉，《南方快報》，2001年8月，原貼於外獨版。

責、塗抹「道德」罪名於人。它雖能在患有受虐後遺症的
台灣人心裡，引發罪惡感，但這伎倆已被看破，效力大不
如前。2001年7月3日，李登輝訪美回國，台灣民眾在機場
熱烈歡迎。其後滯台中國人李艷秋在她所主持的「圓桌高
層會」電視節目中，以〈接機接出省籍對立〉為標題，謾
罵李登輝與歡迎他的台灣民眾。對滯台中國人的心態與伎
倆深有了解的「綠島」[61]沒被嚇倒，反而正確地指出「李
艷秋在挑起省籍對立」。綠島更指明，宋楚瑜訪美回台時
接機挺宋的群眾，和連戰訪歐回台時接機的國民黨立委才
是挑起省籍對立的一群人。[62]其實，「綠島」的指責相當
地含蓄，他大可運用「台灣人」與「滯台中國人」的定
義，更直接了當地指出歡迎宋氏和連氏的是滯台中國人，
而歡迎李氏的則是真正的台灣人，因此對立的不是族群，
而是兩群國家認同相異者的對立。李艷秋故意將滯台中國
人和新住民台灣人混為一談，目的是企圖引起台灣人內
部，新住民台灣人與舊住民台灣人之間的分裂。歡迎李登
輝前總統回國的群眾，其實是肯定台灣本土化、政治民主
化、軍隊國家化的台灣人。相對地，宋楚瑜與連戰的迎機
則是一群反對台灣本土化、反對民主化的滯台中國人。這
裡無所謂台灣人與「外省人」之對立，只有台灣人和滯台
中國人的對立而已，也沒有所謂族群的對立，只有國家認
同的對立。

61、62　綠島，《南方快報》，2001年7月4日。

　　同樣的對立，也存在於立法院，當中有台灣人與滯台中國人兩個陣營，在國會才有國家認同的爭議。對台灣人而言，這些爭議事關國家主權獨立和尊嚴，和人民的自由和權利。因此，台灣人應不遺餘力地據理力爭，應選出主張台灣主權獨立、保護自由民主的民意代表，而捨棄那些危害台灣主權、媚中的候選人。當然，台灣愈能顯示其主權獨立，滯台中國人就愈感到威脅。因此，他們痛罵台灣人叛（中）國、賣（中）國賊，數典忘祖、媚日、媚美等等，更拿出和平、溝通或友善的口號，模糊台灣人的敵我認識，進行有利於中國侵佔台灣的言論與行動。所以非常明顯地，「台灣意識」是保衛台灣主權獨立的意識形態。相對地，所謂「中國意識形態」、「一個中國各自表述」的意識形態，才是出賣台灣的意識形態。現在台灣人應提醒自己，目前最確切的任務是保護、鞏固台灣主權的獨立，並以能替台灣出力而感到驕傲。另一方面，台灣人也應理直氣壯地譴責滯台中國人的意識形態，指出這意識形態是引起台灣人各族群分裂與對立的毒素，更得指出把「愛台灣」掛在口邊的滯台中國人是口是心非，其實他們對台灣人忘恩負義，是「賣台賊」，是中國霸權的崇拜者，他們媚中，不顧台灣人民的民主自由，假借和平的口號、一心一意為中國併吞台灣的行動鋪路，要讓台灣人在中國獨裁政治下受苦。

　　最近的兩則新聞再次闡明，台灣人能夠將自己的國家認同，放在「理所當然」和「有權利」的道德高原上，就

能坦然地、自信地表達出來，而無畏統派的圍剿。國策顧問金美齡於2002年在公開場合表示她要「當台灣國的公民」，但「不願當中華民國的國民」，更透露「看到那中華民國的國旗就討厭」，而引起統派人士的圍剿。無疑地，她對自己的國家認同擁有合乎道德與正當性的自信，而以個人喜惡的表達方式突顯出來。另一個例子則是前總統府秘書長陳師孟，於2002年在立法院回答立委質問時，他首先指出那些奉信「國歌、國旗等於國家」的人所犯的錯誤和非道德性，因為「國歌或國旗並不等於國家」；他又進一步闡釋，對國家的認同並不等於對文化或血統上的認同，這等於指出質問者的無知和魯莽。他以講解觀念的方式，流露自己國家認同的道德性和正當性。他們兩人沒按台灣人的低調習慣，本末倒置地將中國意識放在道德高原上，又把自己的理念置於這敵對高原的山腳下，招致攻擊而又必須手忙腳亂地自我辯解。

三、認同是心理功能

中國人相信杜撰的黃帝為祖先，但台灣人並不需要隨中國人起舞，相信中國人的祖先是黃帝，更不需要相信台灣人的祖先也是黃帝。如果，有中國人因不相信黃帝為祖先，而被其他中國人責罵背祖、數典忘祖，台灣人可表示同情，但畢竟那是中國人的家務事。台灣人該重視的是：凡是認同台灣，將台灣的歷史、地理環境與人物視為自己國家的精神資產，就是台灣人。

至於中國人認為台灣人也是中國人的這一回事，只是他們強加想像的事情，並非根據什麼神聖原則而得出的結論與事實。前面提過，孫文在中國民族革命時期，認為台灣人是世界「弱小民族」之一，而支持台灣獨立。後來，中國人推翻異族滿洲人的統治後，自創「中華民族」，未經同意便硬將「異族」滿、蒙、回、藏、苗等歸為中華民族，這些「異族」不得不視黃帝為祖先，他們的土地也在一夕之間成為中國「神聖不可分割」的領土。西藏的厄運雖慢了一些，但也於1950年被中國佔領，而成了中國的「固有」領土。唯一僥倖沒變成中國「固有」領土、也沒變成黃帝子孫的只有外蒙古。在同一時期內（1911-45年），台灣是日本的領土，在中國人眼中，台灣人是等待解放的世界弱小民族之一，蔣介石這樣認為，毛澤東、周恩來也是如此。但在二次世界大戰期間，同盟國在戰場上逐漸佔優勢時，中國人對台灣領土的野心也增強。在1940年代台灣人突然變成中國人口中所說的「同胞」、「炎黃子孫」。所謂同胞、炎黃子孫不過是中國人在40年代後，強加在台灣人身上的名詞而已。

最近林媽利醫師的血液研究，[63]指出台灣人中絕大多數的福佬、客家族群在血液上並不是中國漢人的後代，而是漢人與越人的混血後裔。台灣的原住民更和中國人沾不

63　林媽利，〈從組織抗原推論閩南人及客家人所謂「台灣人」的來源〉，《公論報》，2002年2月19日。

上關係，唯有新住民台灣人在血統上才是中國人。因此，用血統（中國人的認知）來強辯台灣人是中國人，根本是強詞奪理。當然，儘管有林醫師的研究報告爲證，仍有部分福佬、客家台灣人堅持以一點點的中國血統而自認爲中國人，自認爲是炎黃子孫，這是個人的自由。但必須指出的是，這種「自由的選擇」再次證明，台灣人自認爲中國人是心理選擇的結果，而不是血液裡的基因作祟。實際上，台灣人已有相當發達的自我認知，若能祛除中國文化強加的心理枷鎖，台灣人對自己就能有更明確的認知。

四、脫下華人的外衣，恢復台灣人的身分

具備有明確的台灣人自我觀，便可以理直氣壯地以台灣人的身分與世界各民族或各國人民交往，而不必以「華人」自稱，躲在中國人的陰影裡。「華人」是留居海外中國人的通稱，新住民台灣人要自稱華人則無可厚非，但舊住民台灣人若自稱「華人」，則是對自身歷史沒有清楚的認知，原住民更與「華人」扯不上關係。2000年陳水扁就任總統後，接受德國媒體的訪問，當被問及他是不是中國人時，陳總統答：「我是台灣人，以華人爲榮。」張俊雄行政院院長在立法院做行政報告，被立法委員質詢他是哪一國人，他以「類似中國人」回答。兩位先生爲了避免落入自稱「中國人」的圈套而用心良苦。他們爲了避免激怒統派立委或媒體，而如此自我稱呼，是受到外在因素的干擾和政治考量下不得已的做法。不過，也不能完全排除這行爲受到內在因素

的作祟，不能完全排除陳總統眞的以華人爲榮，也不能排除他仍患有「受虐者」的後遺症，沒完全脫離國民黨所灌輸的中國人意識，因此陳總統與張院長兩人以「華人」和「類似中國人」的身份與中國人藕斷絲連。

今日台灣擁有高度的民主，並以和平的方式達成政權轉移而引起世界的矚目。其實，僅僅這些成就就足以讓人以台灣人的身分爲傲。台灣人並沒有必要把這種光榮從台灣人轉移到華人身上，稱爲全體華人的光榮，然後自稱「華人」，而在華人的陰影下沾一點光榮。眾所皆知，滯台中國人（華人）的態度恰與陳總統相反，他們並未因爲台灣政權和平轉移而感到高興，或認爲這是「華人」的光榮，反而痛心在台灣的國民黨中國喪失政權。在中國的中國人（華人）更不高興，他們自己無法享受民主與自由，也不願見到台灣擁有民主，更不願見到台灣人替自己的將來做決定。所以，我們不必妄想全體「華人」會以台灣政權和平轉移爲榮。台灣人應該大方地以身爲「台灣人」爲傲，因爲這民主現象並不會「只是」台灣人的光榮而失去光彩。

東亞許多國家、民族與台灣一樣，有放水燈招魂的習俗。下列這一段文字便顯示台灣人不用「華人」兩字，一樣能夠清楚、完整地將台灣與其他國家的習俗交代清楚：[64]

64　〈國際水燈展 日泰水燈鬥熱鬧〉，自由時報生活藝文網，2002年8月9日。

　　…農曆七月十四日的放水燈活動，是普渡中在水邊招魂的儀式，這樣的風俗並不僅止於台灣，其他如日本、泰國及中國大陸等地都有類似的水燈施放儀式，…。

　　「台美人」是留美台灣人或台裔美國人的稱呼，這個觀念逐漸在美國的台灣人間生根，讓他們能脫掉「華人」的外衣而以「台美人」自稱和互相稱呼。最近台灣旅美職業棒球選手曹錦輝加入大聯盟的Colorado Rockie隊而成為熱門新聞，當他出賽時就有一群「台美人」到現場歡迎和加油，他們高興見到台灣人能和其他亞洲國家來的職業選手（中國的籃球選手，日本的棒球選手）一樣，打入美國職業運動的圈子（太平洋時報，7-31-03）。台灣公論報（美國，7-29-03）刊登了一則慶賀李文雄博士榮任美國國家科學院院士的廣告，它寫到：「世界級e成就，台灣人e光榮」。雖然沒有用「華人」的字眼來形容，但並沒令李文雄的成就遜色，以簡單的幾個字，廣告購買者有自信地將李文雄的成就引為台灣人的成就，而感到光榮。

五、台灣人的內涵在台灣

　　要以台灣人為榮很簡單的，只要丟棄50年來，以瞭望中國來尋找「台灣人」的習慣，放眼自身與周遭，就能發現台灣人的特性和令人自傲的文化。台灣人有各種不同的背景，各個族群均在台灣這塊土地建立屬於自己的文化，這些就是台灣人的精神資產。真頁在〈也談台灣精神〉

（太平洋時報1-25-01）中，提倡以「竹」來詮釋台灣文化的內涵，並且做為台灣精神的象徵。首先，他提醒台灣人注意身邊到處都有竹子的事實，他說：「…從溪畔的竹林，到田舍四周，從低丘到高山頂，都是台灣竹的故鄉。」他又提醒台灣人注意到竹子與台灣人生活是密不可分的，他說：「…從新鮮的綠竹筍到醃漬的筍乾等等，…從傳統的斗笠到近代的竹絲內衣，…。從祖先的土角厝到建築高樓的鷹架，…從竹轎到竹筏，…台灣的竹圍…古老家具和玩具，那樣不是竹器？」在敘述了他的觀察之後，他以竹子的特性做了一番人格的闡釋：「我們要學習竹，謙虛的內涵，堅韌的生命力，和高尚的氣質。…」。最後他又建議：「我們還可以從更多的事物來表徵台灣精神。諸如菅芒（蘆葦），蕃薯等等，」他這些創意若能經過大眾媒體的傳播，而滲入台灣人的意識中，那麼提起竹子時就會聯想到台灣人，提到台灣人也會讓人聯想到竹子，一想到台灣人的特性就會聯想到上述對竹子的人格描寫。我們都知道日本以筆直的松樹作為日本男人性格的代表，中國也用梅花表達中國人的性格。說不定將來我們也會聽到以竹子來描寫台灣人性格的歌曲。

羅榮光（公論報，2001年2月3日）則放眼台灣的自然環境去尋找台灣精神。他認為「台灣是個大海島，在這大島上三千公尺以上的高山多達二百座，」「聳立的高山，有如挺拔的巨人站立著，也使我們台灣人向他們學習，有堅定的意志，處在風風雨雨，甚至驚濤駭浪的局勢中，仍能屹

立不搖。因之，台灣精神就是充滿信心與意志堅定。」他
又說：「台灣是個海島國家，四面環海，當我們台灣人站
在海邊望向無垠的海洋時，心胸自然寬闊起來，有『四海
一家』的友愛精神與普世觀：我們台灣人能夠與世界各個
民族共存共榮，友愛互助。…我們台灣人如果具有海洋精
神，也就能夠包容多元的族群、文化與思想，互相尊重與
彼此學習，終於能使我們台灣人成為有容乃大的民族。海
洋的氣候變化多端，我們台灣原住民及福佬人、客家人的
祖先，飄洋過海，定居台灣，拓荒墾殖，具有冒險犯難的
精神，此一可貴的冒險精神已融入在我們所有台灣人的血
液中，使我們台灣現今的企業家即生意人到世界各個角落
拓展經貿…。」羅榮光指出台灣地理環境的特殊個性，他
又認定台灣人在這特殊個性的環境下生活，也養成了與環
境相同的特殊個性，因此他更鼓勵台灣人主動向台灣的地
理環境學習，使台灣人具特殊性的人格更加豐富。

　　不僅只山岳、花草，即使是台灣的動物和充滿人文色
彩的文化，也都有獨特的地方。戴寶村指出：「台灣認同
是指生活在台灣的人經由生活歷史經驗而型塑命運共同體
的自覺，認知歸屬於斯土斯民所構成的社群，並願意付出
心力營造護衛，將此休戚與共的集體認同，轉化為意願與
行動要建立國家來保障共同福祉，這就是具體的國家認
同」。他認為「要培養台灣人的國民意識，產生清楚的國
家認同，教育與媒體的改造之外，應利用各種不同的方式
與途徑來建構國人的認同圖騰，…」。他和「眞頁」、羅

榮光兩位有相同的感觸，認爲台灣的植物與地理環境都可
用來當做台灣的象徵，同時他覺得台灣特有的動物和人文
更可用來作爲台灣的圖騰：「…國寶魚——櫻花鉤吻鮭和
台灣帝雉、水鹿、莫那魯道、達悟拼板舟等作爲國幣的圖
案，就是凸顯台灣特色的正確做法。與魯凱、排灣族的歷
史文化藝術息息相關的百步蛇，也可代表台灣文化，我們
都是蛇的傳人，而不是『恐龍的傳人』。近來初次亮相的
台灣黑熊，牠胸前的人形白毛紋就是牠的註冊商標，台灣
的動物與其他國家有所不同，可以對自我存在價值加以肯
定，則在觀賞澳洲無尾熊或中國貓熊時不喪失自己的主體
性。」[65]

六、用台灣人的感官來經驗世界

台灣人除了在自然環境尋找認同的象徵外，也開始以
自己的感官直接感受週遭的人事物，並用這直接感受的經
驗來重新評價周遭的事物，不再依循舊習慣，透過中國人
的觀點來經驗世界。下面是介紹西班牙的巴塞隆納（自由
時報8-2001）的一段文章，該文作者就用台灣人的味覺、觸
覺、視覺經驗來領會巴塞隆納：

　　…西班牙的海鮮，較之台灣更有一份自然鮮美的烹調

65　戴寶村，〈台灣站起來——建立台灣的認識圖騰〉，自由時報自由廣場，
　　2001年8月10日。

法，不用起士，僅用橄欖油調味…」，「也有很多台灣人
到巴市，除了海鮮口味同調，氣候亦類似高雄。棕櫚落
影，…。

與此對照，另外一篇描寫巴黎的文章（自由時報，
8-2001），作者則透過中國人的觀點來經驗巴黎，他說：

即使自來水普及的時代裡，在外奔波的路人旅客仍不容
易取得飲用水源，對於這項的確存在的需求，中國民間出現
了免費的『奉茶』，成為出外人暫停歇腳的簡易但體貼的
休息站；西方常見的做法，則由官方或慈善家建立飲泉設
施，…。

這位作者若在台灣長大，可能聽過台灣鄉下「奉茶」
的習慣，他若在台灣曾路過鄉下、親身喝過「奉茶」，那
麼當他在巴黎見到飲水泉時，只要他感受過台灣經驗，一
定會回想起當時在台灣鄉下喝奉茶止渴的記憶，和對台灣
同胞善心的感激。作者大可引用這些台灣經驗來描寫他對
巴黎飲水泉的感受，而不必再借用中國、日本或其他國家
類似的現象來描寫。

〈九份仔踏，綠腳步〉這篇短篇小說以感官經驗的記
憶來描寫主人翁和故鄉「九份仔」親密的關係和感情。這
個故事以老婦女「伊」的視覺經驗開頭，「伊」看到某人
特殊的走路姿態，而勾起了疼痛、甜蜜、又有幸福感的混

合感情：

　　伊説，看人行平路，雙膝舉高宛如馬步踏梯，心頭總是
陣陣歡喜；一陣苦澀過了的甜甘味，一陣痠痛後的幸福感。

　　她説明這種走路姿態是九份仔人配合九份仔地理而形
成的走路姿態，不但是自己的標誌，也是其他九分仔人的
特徵：

　　九份仔人自細漢崎頂來、崎腳去，人人練就這款腳
步：…」「山崎石階一層層，九份仔人不會趄趄地行，行平
路還像抬腿踏梯。出外給人譏笑，一時又改不掉，橫直就這
款行過來、踏過去、行出一款架式，踏出一個名號，叫做九
份仔踏。

　　對於自己的標誌卻是出外唸書後才發現的，對這一時
改不過來的習慣，也就將它接受爲自己的一部份。雖帶有
無可奈何的味道，但她沒有自傲或自悲，倒認爲那是自然
的。不僅如此，日久以後他人也接受這自己了：

　　十五歲離開九份到台北讀書，踏的就是這款腳步，那些
大稻埕、大龍峒、板橋來的千金小姐同學笑了一年；看習
慣，不再笑，竟然跟著踏來踏去，滿校園的九份仔踏。

她與九份仔的關係並不止於走路姿態，特殊行姿的肉體感覺又帶引她回想故鄉的其他感官記憶：

> 看見九份仔踏，就要想起盤滿山城的觀音石疊砌崎壁，想到壁縫蔓生的青苔；於是又聞到它青鮮生腥的風味。
>
> 九份仔…，多半是礦坑、鐵軌、推車和烏黑礦工；九份仔的民家、工寮、酒家或戲院，給曲折石階帶引，誰人幾步路走來，都要走出綠腳印，階沿的青苔拓印鞋底，或鞋沿擦染了苔痕。

學生時代的伊，愛慕年輕的佐藤先生（老師）。這位年輕英俊、「穿著玄黑長袖上衣、金銅鈕釦，宛如高中生般的佐藤先生…」，他觀賞學生活動的站姿、神情、一舉一動，連他裝老成又容易臉紅的青春臉孔，都被收入於青春少女伊的愛慕之情裡。但伊對佐藤先生的感情又有另一個層次，那就是佐藤先生以訴諸感官、直接感受、欣賞她故鄉的熱情：

> 佐藤先生說，聞出海苔和茶水泡飯的氣味，…
>
> …在這眺望海洋的山城一座戲院前，在昨夜逝去的熱鬧和過午將來的熱鬧之間，從妳們絕世輕妙的舞步，我聞出了被秋陽曝曬的棉被和水薑花加味噌湯的氣味，…
>
> 佐藤先生說：「能在顏桑的礦山見識到男女老少一律高高抬起的腳步，見識到少女的輕快的腳步，說是『綠腳步』

應當也不失禮吧！」

能和這樣純美聰慧的台灣少女們走在學習的山路，應該是人生一件幸福的事；…

少女們對佐藤先生的這個特性是不會不注意到的，對之好奇又愛慕：

多神氣的一個人，…若不是先生，是鄰家大哥，情況要好得多吧？…在面對綺麗的基隆海和金光閃閃的茶壺山時，還會聞到『海苔和茶水泡飯』氣味的人，是什麼氣質的人呢？

…是什麼鼻子會聞出這種好笑的氣味？味噌湯？

作者把這些青春少女的時代背景，用感官的直接經驗表達出來，同時也暗示愛慕的結尾：

飛過茶壺山的零式戰鬥機螺旋槳，呼呼叫，東亞戰爭的傳說因此逼近。

「一年半後的春天，佐藤先生從軍去了」，不知道他到底被派到那裡，也不知其生死或在戰地做什麼。」這就像那在遠方飛過茶壺山的零式戰鬥機一樣，是那麼地遙遠，觸不到，也聞不到。留下的是青春少女的仰慕之情，以及伊和佐藤兩人同樣以感官來直接感受九份仔的聯繫。作者並未罹患國民黨時代造成的強迫性行為，非以公式化

的描寫將任何與日本有牽連的經驗痛罵一番不可，譬如：
稱佐藤爲日本殖民教育的工具，以「日本軍國主義」譴責
飛過的零式戰鬥機，或稱佐藤先生被送上戰場當砲灰之類
的言詞。作者相當心安理得地描寫這位少女的生活經驗，
沒讓「伊」和故鄉九份仔的關係受到污染。[66]

〈試論大眾文化「日台歌謠曲」〉一文[67]也是從台灣
人的感受爲出發點的台灣歌謠歷史，而不是經過仇恨日本
的中國觀點來看台灣人的經驗。作者張武彥經由台灣人的
觀點觀察到，台灣每經一個外來政權的統治，便會吸收這
個外來文化的內容，而將之內化於台灣的文化當中，每個
外來文化的特質，在接後而來的另一外來文化的統治初
期，就顯得突出。然而，它所表達的是台灣人的經驗，它
的特色也是台灣人的特色。張武彥表示：

> 台灣…經過西班牙、荷蘭、鄭成功、清朝、日本的殖民
> 地經驗以及中華民國的統治後，受到各時代帶來不同文化的
> 影響，形成一種特殊的新文化。…現在的台灣文化除了接受
> 中國思想、民俗之外、還吸收了明治後期、大正、昭和初期
> 的日本文化和精神，…。

---

66 李潼，〈九份仔踏，綠腳步〉，自由時報生活藝文網──自由副刊，2003
　　年10月2日。

67 張武彥，〈試論大眾文化「日台歌謠曲」〉，《太平洋時報》，（7）
　　2002年11月21日。

他體會到日台歌謠曲是台灣人在國民黨政權時代初期，自我表達的工具，他唱出台灣人的經驗：

台灣在音樂方面抓不到自己的文化繩索、借助於眾人熟悉而且容易接受的日本歌曲而附上台語歌詞…達到解消精神上壓力的目的，進而保存了逐漸被消滅的語言，還留下了時代變遷的紀錄。

台灣人的社會情況、生活習慣、歡喜悲傷、人際關係的種種就表現在歌詞當中，這些歌詞是台灣經驗的紀錄：

…，幾百首日台歌謠曲流傳在全台灣…，…它很敏感的反映出時代的變化。其中有各種職業人的心聲、台灣人的價值觀、由農業社會轉向工業社會過程中所產生的種種現象，還有年輕人休閒旅遊的方式等等。」

在歌曲中我們又可以體會出離家背景的赤子思親之情；也可以窺知婚姻由作媒成親的主流轉向自由戀愛，當時男女愛慕之情的含蓄表達，大別於現代的年輕人。…遊覽車小姐、賣菸的姑娘、快樂的炭礦夫、孤女的願望、流浪到台北、碧潭假期、懷春曲、離別的月臺票，可愛的故鄉…他們（這些歌曲）將引導你穿過時光的隧道，回到您的青春時代。您可能看到寒冷的清晨隔壁的阿堂伯牽著水牛要下田，金花嬸含淚在客運的停車牌送初中剛畢業要到台中找工作的再旺

哥上車。[68]

作者顯然認爲這些日台歌謠曲是台灣人的文化資產，傳達的是台灣人的經驗。因此，台灣人沒有必要爲此向後來的國民黨政權道歉，也不必因國民黨中國的眼光而自我貶低。眾所週知的〈黃昏的故鄉〉這首歌曲，被台灣的留學生流傳到海外後，成爲傳達海外台灣人思念故鄉的「主題歌」，也是號召台灣人團結的日台歌謠，它唱出了台彎人的心聲。有許多台灣人並不知這首歌曲源自日本，其實知道或不知道都無關緊要，因爲它是傳達台灣人心聲的台灣歌曲。

七、台灣人的台灣歷史

目前的台灣歷史大多是以統治者的觀點所撰寫的，台灣有荷蘭人的台灣歷史，鄭成功王朝的台灣史，清朝的台灣歷史，日本的台灣歷史，更有中國的台灣歷史，但就是沒有以台灣人的觀點所看待的台灣歷史。

現在的台灣人是由多元族群組成，移民到台灣有先後之別，但所認同的同樣都是台灣這塊土地。因此，台灣的歷史應是以這塊土地爲出發點，來看這些族群在土地上的生活、互動和留下的史蹟。從這個觀點出發，有識之士早

68　張武彥，〈試論大眾文化「日台歌謠曲」〉，《太平洋時報》，（8），
　　2003年1月30日。

已主張台灣的歷史不只有四百年，至少有數千年，甚至可能上萬年的歷史。現今考古學發達，能從各種古老的遺跡拼湊出先人的生活形態，與這些資訊連貫起來所記載而成的台灣歷史才是台灣史。所謂四百年的歷史實際上只是各統治者主觀下的「老移民」史。下面的文章，作者以「竹塹城」為背景，嘗試從台灣的觀點看台灣歷史。

今日新竹市的前身叫「竹塹城」，它的建城史可分為三個階段，即竹子城、土城及石頭城。它的年立表如下：

竹子城：「竹塹最早於1733年以植莿竹為城。」

土城：「嘉慶11年（1806），因海寇蔡牽危害西部沿海，居民乃私築土圍以備防禦，1823年官方再加寬高，植竹開溝，是土城。」

磚城：「道光6年，鄭用錫（台灣第一位進士）夥同地方士紳，願自費建磚城經奏准，遂在竹城外，土城內，另建磚城，於1829年時完工，意味著竹塹為北台灣第一大城。」

（Ez-gogo無線網另類悠遊）

那築竹城的動機是如何呢？台灣空中文化藝術學院的教材做如下的陳述：

新竹地區在早期漢移民未開墾前，是平埔族道卡斯族竹塹社以及眩眩社的活動範圍。康熙末期隨著漢人的開墾，平

埔族人捨棄原有的樂土遷移他方。他們遷徙的路線大致是由武營頭（今社教館附近）遷往舊社、新社，之後再轉往新埔及北埔。

　　竹塹的開發是由王世傑開始。王世傑早年參加軍糧督運有功，而獲墾竹塹埔廣大的土地。康熙後期，王世傑率領泉州族人來到新竹開墾…。

　　所謂「平埔族人捨棄原有的『樂土』遷移他方」，是以漢人或清朝爲「中心」、對位居「邊緣」的原住民做出的不經心的描寫。然而，若以台灣爲舞台的中心，漢人的移入開墾，顯然改變了平埔族的生活形態。平埔族是否被漢人強力逐出？平埔族的生活形態到底是游牧、農耕還是收集呢？這有助於了解道卡斯族到底如何被排擠，一再遷徙的情形。

　　所謂「王世傑參加軍糧督運有功」，在這描寫中連他替哪個政權效勞都沒交代，他所參與的軍事行動的對抗對象也是沒有面孔的敵人，被賞賜的土地好像是無人之地一般。從台灣的觀點來看，這段歷史敘述應交代他替哪個政權效勞，並指出受征伐的是台灣當時的哪個族群。

　　…但是基於防禦上的需求，雍正十一年（1733）淡水同知許治民在竹塹郊外環植刺竹以爲城，…（台灣空中文化藝術學院/語言歷史篇），這就是竹塹城的開始。

　　防衛沒有面孔的敵人，這當然是漢人中心的看法，但從台灣觀點來看，這指的顯然是台灣族群的鬥爭，因此除了描寫漢人之外，也得凸顯原住民的存在，指出原住民攻擊的動機和目的。

　　另有記載（文化導覽）表示，淡水同知許治民在築城時把原住民趕出（1733），相信這才是造成他們一再遷徙的原因，清朝是否曾指定遷移的目的地或任他們自生自滅？最後他們搬到北埔，當時北埔也有當地的原住民，這些從竹塹遷徙過去的原住民，最後命運又如何？是被當地的原住民消滅？或是被移民來的客家人趕入深山？這些都是我們台灣人的歷史。

　　　到了嘉慶十一年（1806），為了防禦海盜蔡牽，以土圍代替竹城，並且闢建溝壕，為日後磚城立下基礎。因為閩客族群械鬥不斷，開台進士鄭用錫聯合四十七位地方的人士倡建石磚城以保家衛民。…（台灣空中文化藝術學院／語言歷史篇）

　　土城的建立顯然意味著竹塹城生活形態的再次改變，漢人（泉州人）把原住民趕出竹塹地帶70年後，威脅他們生命安全的不再是原住民，而是清國海盜。二十幾年後竹塹城改為石磚城（1829），是「因為閩客族群械鬥不斷，開台進士鄭用錫聯合四十七位地方的人士倡建石磚城以保家衛民」。這又顯示竹塹地區的生活形態再一次地發生變化。既然福佬人（泉州人）建城是為了防衛客家人的攻擊。

從台灣觀點來看，這是兩族移民的鬥爭，應該了解客家人集居城外的理由為何？兩族之間有什麼交易？鬥爭的理由為何？客家會攻城，福佬是否也會劫殺客家村？建城後對客閩關係有什麼影響？這些都是可使人更加深入了解台灣歷史的資料。

固然，鄭用錫倡建石磚城對抗客家人以保家衛民，但清朝允許建城，也有其目的，「…清廷也因為林爽文事件而轉變政策允許建城。」（台灣空中文化藝術學院/語言歷史篇）。顯然，清朝原本把漢族移民當作潛在敵人看待，而採用「台灣斷不可建城」的政策。這個政策的改變是否與林爽文起義事件中台灣人的表現有關，而讓清朝降低對台灣人的敵意？雖然竹塹城在林文爽事件中也有戰事，對清朝而言，不過是平亂中的一個小事件。但從台灣人的觀點來看，則可能有更大的意義。包括：為何客家人採取積極的行動對抗林爽文？是否是純粹保衛家鄉的行動？或是夾在統治者和優勢福佬族群之間的選擇？原住民在當中扮演何種角色？以泉州人為主的竹塹城人，在林文爽事件中，或林氏軍隊攻陷竹塹城時，扮演的角色又為何？當清朝軍隊反攻時，客家人幫助清兵攻拿竹塹城，除了戰死的客家人受清朝嘉獎，奉入「義民廟」外，客家人還得到什麼好處？竹塹城的福佬人在戰事前後則扮演何種角色？竹塹城的戰事對閩客關係，以及和原住民的關係又有什麼影響？統治者與各族群的互動與結盟的形態又如何？

另有資料記載，北埔原是泰雅族和賽夏族的居住地，

清朝光緒年間（1880），有閩客（姜秀鑾、周邦正）組織「金廣號」前來開墾，合力拓墾土地，而將原住民趕到深山裡去。這閩、客聯合，搶奪原住民的行動，是否為閩、客生活形態與關係改變的結果？是否意味械鬥的結束？其原因為何？另一方面，原住民的對抗，是聯合行動或各族分別作業而被消滅？

從台灣的觀點所看到的台灣歷史，不是外來統治者荷蘭、鄭氏王朝、清國、日本或國民黨中國的台灣歷史，而是台灣人各族群之間的生活形態變化、資源運用、鬥爭、合作，與統治者關係互動的記載。單從竹塹城的築城歷史就能提供給我們一個袖珍的台灣歷史。若將此再延伸到近代史，我們得問從日本到新竹的移民生活形態又是如何？與台灣人的互動如何？日本戰敗後日本移民被強制遣回，隨後中國難民到新竹地區，是否取代日人的地位與生活範圍？他們與台灣人的互動如何？對認同台灣的心態變化又有什麼影響？這些也都是台灣人的歷史。

八、保護台灣的母語

既然台灣人認為自己是多元的民族，所以原住民的各種母語、客家話、福佬話和新住民的中國話都是台灣話，不僅享有同等地位，也如其他台灣文物一樣，都是台灣人的文化資產，應該用心保護。

台灣人中福佬人佔絕大多數，因此其母語「福佬話」通行的範圍最大。就因這個現象，即使在日治時代，在統

治者眼中福佬話就是台灣話的同義字，當時日本學者所出版的台灣話字典、台灣俗語字典等，都是福佬話的字典，市面上流通的漢文刊物也是福佬話的漢文。到了國民黨中國時代，其「去台灣化」的政策下就是以「閩南語」取代「台灣話──福佬話」的名稱。雖然如此，「閩南語」仍和其他台灣群族的母語一樣受到壓制，這是眾所周知的一段歷史。

在福客雜居的地方，互相間能正確稱呼自己和對方的母語為福佬語或客語，也能自稱客家人或福佬人，多具雙語能力。移入福佬庄或到福佬庄做生意的，自然操用福佬語。相對地，移入客家庄或到客家庄做生意的福佬人也持客語。原住民和福、客的接觸情形也是類似的。至於沒有第二語言能力的人接觸到另一族群的人時，在日本時代以日本話溝通，在國民黨時代則以中國話溝通。至於沒與客家人或原住民接觸的福佬人，可能會產生錯覺，認為福佬話就是台灣話、福佬人就是台灣人的同義字。從少數群族集居地出身的少數群族也可能有同樣的錯覺，而發生「我們台灣人，你們客家人」、「我們客家人，你們台灣人」或「我是原住民不會講台灣話」的尷尬局面。

由於福佬人佔台灣人中的大多數，因此幾十年來和國民黨政權鬥爭的台灣人當中，福佬人也佔大多數。是故，福佬話也成為台灣人在國民黨中國統治下，爭取台灣獨立的切身象徵和基本武器。大部分的征服者都企圖消滅被征服者的母語，因為母語是自我認同中最切身的象徵。在母

語受到壓抑的時代，台灣人在家中或非正式場合中以母語交談，是國民黨無法管制的行動，這種行動顯示台灣人的獨立性、不屈服性，同時顯示出台灣意識的存在。在非官方的公共場合甚至政治場合（選舉）中使用母語，更是一個「安全」表達台灣意識和無言抵抗國民黨政權的辦法。由於福佬人佔台灣人中的大多數，福佬話也就變成追求台灣自由獨立運動中，台灣意識的象徵。它也成為台灣人聚會場合的「正式語言」，有台灣意識的人使用台灣話（福佬話），在台灣人的聚會中要講台灣話。這種語言行為的涵意，台灣人和國民黨中國政權彼此了然於心，即使是現在統派的人也非常清楚，因而他們仍繼續企圖打壓台灣人的母語（尤其是福佬話）。同樣的道理，現在要了解出四十歲以上的福佬人是否具有台灣意識，觀察他是否使用台灣話（福佬話）仍是非常有效的初步工具。因為如此，當年在國外熱心參與台灣社團活動，但不會講福佬話的客家人、原住民或「外省人」，常會被誤認為沒台灣意識，或被懷疑是國民黨政權的線民而被邊緣化。使用台灣話（福佬話）是意識形態的表示，更是集體不言而喻的義務，因此要求與會者以台語（福佬話）演講，或譴責不講台語的台灣人是可理解的。但也因此造成避免不了的副作用，讓一些不會講福佬話的其他族群有不受重視的感覺，甚而引起反感。

在國外，有些福佬人士對此現象特別敏感，因而提倡開會要用「國語」（北京話），認為「國語」是大家都「會」的語言，他們又認為台灣人（尤其是福佬人）不應堅

持以福佬話當作凝聚台灣意識的工具，堅持此種態度既落伍又小心眼，更沒有顧慮到不會講福佬話的年輕人（福佬人）與其他族群。持該論調者的包容心和體貼心真是可圈可點，可是這種論調也含有許多盲點：第一、他們忽視大家「會講」的語言並不是大家都「願講」的語言，他們不理睬「大多數」的喜好而要求「大多數」操持不願用的語言，就違反民主的基本原則；第二、他們也盲目於目前的政治狀態，現在雖然是台灣人主政，但國家運作仍受制於國民黨中國的體制，「國語」仍是壓制性、強勢的語言，又是滯台中國人堅持「台灣屬於中國」意識形態的工具；第三、目前在台灣將母語列為第二國家語言的運動進行地何其困難，理由是滯台中國人不願見到台灣意識隨母語運動的風行而提高；第四、在台灣的獨立地位未明朗前，要求大多數人放棄母語這個最切身的抗爭象徵，是無理又是非常困難的；第五、北京話是準備要併吞台灣的敵國「國語」，在這敵我不清的時代，再放棄母語這個自我的象徵，無異於準備向敵人投降。

固然「國語」是新住民台灣人的母語，但唯有在台灣獨立以後，這語言壓制的性質才會消失。那時「中國話」便跟其他族群的母語同等，是台灣人的文化資產，需由國家加以保護。至於「官方語言」為何，可由民主的方式來決定。少數群族可能擔心，一旦大多數人的福佬語變成官方語言，少數群族的語言又會遭受到像國民黨統治般的摧毀。其實，這種擔心是多餘的，因不管官方語言為何或有

幾種，只要台灣人認為各種母語都是台灣的文化資產而應加以保護、不得壓制，那問題就能解決。美國多元社會對待少數民族文化的態度，可供台灣人借鏡。美國儘管以英語為官方語言，但使用各種少數民族語言的電視台和電台林立，市場上也充斥著各個民族的母語刊物，更設有少數民族的語言學校專教母語，政府從不加以干涉。台灣人將來也可以私人方式（美國式）、國家政策或兩者混合的方式來保護各群族的母語，並以其成果自豪。

第四節　建立安全的心理環境

創傷經驗的本質就是身遭危害時產生孤立無援的感覺。當一個人從創傷環境生還後，第一個心理需要就是安全感。安全感可從鞏固硬體和軟體環境的安全（照顧身體與感情需要）中獲得。有了安全感後，受難者會逐漸恢復掌握自己命運的信心。如此，受難者才能重見天日，對自己的命運做決定與選擇。

治療受虐者時，醫護人員面臨的第一個課題就是要幫助受虐者建立安全的硬體環境與軟體環境（安全的心理）。通常會建議受療者在家人的保護下居家修養，換新鎖、裝警鈴、加強燈光設備、防止施虐者的再度出現，這些舉動都會增加實質與心理的安全；若施虐者是家人，醫護人員會協助受虐者暫時寄居他處，也可運用公權力，例如報警、請律師申告等等來保護受虐者。對受害者而言，親友

的精神支持與容忍也很重要，因為受虐者的心態極可能不穩定，有時過度依賴他人，有時卻拒人於千里之外。同樣的道理，受虐者的人際關係也不穩定，有時過分信任他人，有時卻連最親密的家人也不信任。最令救護者困擾的是，受虐者對施虐者有時痛恨、有時想念；受虐者有時敵我不分，期待和施虐者維持關係，而把勸阻者視為壞人。由於這種種的情況，受虐者有時會做出自我毀滅的行為，令救護者感到失望與喪氣。受虐者需要在安全的環境下，進行新的思考、嘗試新的人際關係。有時，受害者在理智上雖知已遠離加害者，但心理上卻仍覺得加害者就在身邊、等候報復的機會。由於這種顧忌，受虐者可能不喜歡外出，即使外出也會擔心害怕。醫護人員必須不時給予安慰並提醒目前環境的安全，也需要重複地引導受害者對危險性做客觀的估價。若實際地了解危險、對自衛能力的評估正確、又有漸增的自衛決心，實質上這樣就能增加身邊的環境安全。

　　台灣人要主宰自己的命運，擺脫受虐者的性格，就必須脫離國民黨中國與其延伸——中華人民共和國——的陰影。要達到這個目標，必須有硬體與軟體（心理）的安全。根據目前國際上軍事評論家的評估，在2005年時，中國的武力可能會超越台灣，而打破多年來台灣軍力在「質」方面的優勢。為了因應這個趨勢，同時避免其成為事實，台灣也進行各種措施，報紙曾報導台灣加強國防的消息，陳總統本身也發表過「境外決戰」的思考。配合這

種思考的軍事消息，也陸續在報紙上出現，例如短程、中程洲際飛彈的發展，戰機油箱增量、空中加油法的改進等等。新聞也曾報導國內發展各種新武器，得以減低台灣國防受到外國政治考量的控制。不僅如此，台灣更積極地向其他國家購買先進武器，像潛水艇、反潛水艇武器等等，最近更向美國購買神盾級驅逐艦。除此以外，台灣也曾做過保護台灣的戰鬥演習。這些行動改變了原先「坐以待斃」的立場，令人增加安全感，但這只是硬體上的國防建設而已。

　　若缺乏了心理國防，硬體國防只不過是空洞的外殼。在國民黨統治的時代，所謂「國軍」是國民黨準備「反攻大陸」的黨軍，台灣人不過是受挾持的資源而已，對之並無感情與期待。當「反攻大陸」的夢想煙消雲散後，失去任務的「國軍」就像迷途的羔羊不知何去何從。李登輝接任總統後，著手於軍隊國家化的艱鉅工作，企圖把效忠國民黨的軍隊改變成效忠國家的軍隊。陳水扁就任總統時，湯曜明參謀總長發表談話，強調國軍效忠國家，隨後又下令禁止軍人介入政治，顯示國軍成功朝著軍隊國家化的方向前進。國民黨軍隊逐漸轉型為國家軍隊的改革，的確令人欣慰，但是，另一方面也令人看出何其困難。陳總統參加陸軍官校畢業典禮時，大呼中華民國萬歲，這很明顯地指出國軍所效忠的仍是「中華民國」，而不是有民主制度卻又掛著「中華民國」之名的「台灣」這個國家，陳總統得高呼「效忠」中華民國以贏得「國軍」的效忠。在2001

年8、9月，退伍軍官的聚會上、貼出「不知爲何而戰，不知爲誰而戰」的標語，公然向出席致詞的陳水扁總統挑戰。這種現象令人毛骨悚然，不禁令人擔心現役軍官中，到底還有多少人維持同樣的意識形態。如果台灣的國軍不知道他們的任務是保衛台灣、爲台灣全民的安全與自由而戰，一旦中國攻擊台灣，他們是否會馬上拿著美國的先進武器向中國投降？這一點，連美國也有類似的顧慮，擔心一旦中國侵台，台灣軍隊會迅速瓦解，向中國投降，結果將美國最新武器的秘密全盤送給中國，豈不危害美國本身的國家安全？所以台灣的「國軍」是不是保衛國家的軍隊，人民對此並沒有信心。

民間有些現象也令人感到不太樂觀。面對中國急速增高的侵台軍力，增設飛彈瞄準台灣的事實，有人居然視而不見，他們出言反對購買美國的神盾驅逐艦，指責台灣買自衛武器等於向中國「挑戰」，是「刺激」美國和中國的軍備競賽。若這類的言論只出於統派政客之口，其目的明顯地是要削弱台灣的自衛能力以引誘中國武力侵台，大可不理會，但可悲的是台灣人當中、也確有人相信這種論調。這令人不由地聯想到受虐者剛進入治療初期的思想形態，此時心中瀰漫的仍是如何取悅施虐者的念頭，因此爲了避免施虐者發怒，連危害自己、損害自尊的行爲也做得出來。儘管受虐者身處隱密和安全的庇護所，受到醫護人員的精神支持，甚至有社會福利措施的安排，但先與施虐者建立聯繫，向施虐者洩漏藏身之地，出賣受虐者的常常

就是受虐者本身。在台灣，類似的現象也十分常見，陳水扁新政府，不斷對面目猙獰、恐嚇不休的中國表示善意，其低調程度近乎懦弱的行徑；不僅統派的政客，連民進黨的民代、官僚也接二連三地到中國朝聖，企圖與中國官員建立疏通關係的管道；更有人利用「兩岸」、「華人」文化、學術交流、學術研究等等名義，自行向中國靠攏，在台灣人「敵我」不清的心靈上更蓋上一層面紗。台灣對中國的商業行為也同樣地敵我不分，儘管資料顯示台灣資金流失到中國的情形非常嚴重，工廠外移更造成台灣本身極高的失業率，但大大小小的企業家仍然拚命到中國投資，認為賺錢的機會在中國，而完全漠視中國對台灣安全的威脅。坊間有類似「宿命論」的說法，說「在台灣等死，不如到中國赴死」，意味台灣人無法改變自我毀滅的行為。

如果心理國防的定義是對鄉土、同胞發揮愛心，有為之奉獻自己利益的意願，並認為個人的奉獻確實能造福鄉土與同胞，那九二一震災時台灣人的表現便顯示出具有建設心理國防的潛能。當時人民自動自發出錢出力，拯救同胞的生命，表現同胞愛，也表現出不屈服的毅力。只要能夠善加培養，台灣人這種鄉土愛和同胞愛就像花蕊一樣，有天定會盛開成心理國防的美麗花朵。目前台灣，一再受到颱風、水災、土石流等等天災的打擊，台灣人的應對表現可圈可點，有事先預防、疏散的計劃，在安頓、救濟災民，動員資源，清理和重建災區的政策表現上，十分出色；但也有地方表現出無準備、無應變能力的情形。這些

災難更使以前官商勾結、破壞環境的罪行暴露無遺。有識之士不斷呼籲人民要主動保護和重建自己的家鄉，指出自己既有能力破壞自己的家鄉，也定有能力修復自己的鄉土。[69]要是這些呼籲，喚醒了台灣人的良心而付諸實行成為具體行動，定會令台灣人對保護家鄉更有信心，有了信心就更能堅定愛鄉的意志和決心。

　　中國侵略台灣是台灣的可能災難之一。不管是飛機轟炸、飛彈射擊、登陸侵佔或潛台部隊的破壞，其效果和天災無異，它會直接造成人民傷亡，又引起火災、水災和疾病（不管是否為生物作戰），影響全體台灣人的生命和財產的安全。一旦中國侵台，台灣同樣必須疏散人口、救護傷亡、運送物資、救助喪失家人或家園的同胞，又得投入重建等等的工作。目前台灣並沒有把中國侵略當做可能的災難來處理，只希望不會發生，卻沒有萬一發生時，該如何處置的心理準備。實際上不僅是台灣最高行政機構，就是地方政府或私人團體，都有義務喚起人民對中國侵略的警戒心，增進人民因應戰爭傷害的知識和技術，以減少傷亡，盡到保護人民安全的責任。地方政府、私人團體或公司，可為地方上的人民或員工制定一套因應天災、工業意外與戰爭的緊急措施，並舉行定期的演習。

　　其實，舉行演習和宣導因應戰爭發生的常識是國家對

69　李喬，〈老天要滅咱e「村」？〉，《自由時報・自由副刊》，2001年8月9日。

人民應盡的義務，就像公共衛生措施或經濟措施等等，是
保障人民身家安全的工作。了解危險和威脅的來源，認識
其破壞力量，又熟悉自衛的方法與能力，都是心理療癒的
重要因素。這些措施指出危險的來源，澄清迷糊的敵我觀
念，了解中國的破壞能力與方式，讓人民認識災難的具體
面目。平心而論，對具體威脅的恐懼，比對無名威脅的恐
懼容易應付，也會增加台灣人的心理健康，而不輕易受到
中國和統派人士的恫嚇。在演習中，人民可學習到躲避的
技巧、自保的知識、施救的方法等等，一旦中國侵台時，
不僅能增加人民生存的機會，也會增加生存的信心；當一
個人知道自己並不是完全無助的，便更能增加自救的意
志。自衛的戰鬥意志和決心能補強能力的缺陷，而在實質
上增進安全、減少傷害，甚至擊退占優勢的敵人。學校也
有義務對學生進行這方面的教育，以盡到保護學生的責
任。地方政府或私人團體，也可邀請專家發表專題演講，
增加民眾關於戰爭原則的常識，或對台、中兩國軍力的比
較與中國侵台策略的了解，增進對各種武器殺傷力的知識
和防備的常識，以減低傷亡率。現在的國軍也可參與民間
心理國防的建設，指明敵人是誰，保衛的是誰，和保衛台
灣的戰略，以明確建立國軍保衛台灣的形象，如此將會增
加台灣子弟投軍衛國的熱情，而增進台灣的安全。以色列
面對龐大、敵對的阿拉伯諸國，人民皆有明確的敵我觀
念，在這個前提之下，以色列的人民擁有基本的防衛知識
和訓練，當伊拉克對以色列連續射擊飛彈時，他們能相當

從容地走避到避難所而死傷極少，台灣著實應該學習以色
列政府的做法。

　　愛鄉土、愛同胞的感情和行動並不只在災難發生時才
表現出來。保護環境的世界潮流也在台灣生根，台灣已有
不少人投入環保工作，對台灣人的自尊與自愛有相當正面
的影響。保護自己的居住環境是最切身的問題，也是最能
發揮力量的所在。有結果的行動會鼓勵類似的行動，從反
六輕到反核、保護濕地、保護瀕臨絕種的動物等等運動非
常盛行。雖然並不一定每項都產生預期的結果，但在無形
中，這些行動令人對與自己生活息息相關的環境，產生有
能力保護並美化的自信，這些行動正在把台灣從「受剝削
的資源」（反攻中國的基地）轉型為「需要珍惜的生存所在
地」。旅遊業的發展也受到刺激，介紹台灣許多美麗的地
方，令人發現台灣的美與可愛之處。這些現象非常類似於
受虐者進入治療後，一方面丟棄施虐者灌輸的自我貶價，
另一方面再發現自己的能力、價值等等，而增加對自己珍
惜的現象，兩者是完全一樣的。近年來台灣積極進行的文
化重建工作，發現、再發現與保留台灣民俗和古蹟，以及
考古學的發掘與研究，也是台灣人連接自己的過去與現
在，重新定義自己的復健工作。文化界也持續努力將台灣
過去與現代文化工作者的成就提上檯面，更激起台灣人的
自尊與自我重視。

　　這種「我能」的認知和「我要」的決心會相輔相成，
這種參與的心理可發展為對國防的關心，具有這種心理的

父母不會阻擋子弟加入保家衛國的行列，具有這種心理的青年子弟入伍服役，更可達成國軍保衛台灣的任務。

從傷痕中得到力量

——重訪「獨立革命二二八」

【第十章】

　　自從1997年以來，每年的2月28日已成爲台灣的國家和平紀念日。每年必定召開紀念會，從紀念會上的演講詞可看出它在台灣人心靈上的幾種含義：第一、「二二八」是台灣史上第一個「台灣本位」的國家節日，是台灣人自己訂定的台灣歷史重要事件，也就是台灣人的集體記憶，因此許多人認爲二二八是不能也不可忘記的歷史。第二、在這個節日，台灣人紀念台灣先民表現的愛心與犧牲。第三、紀念「二二八」爲的是要繼續追尋「二二八事件」的意義，也是台灣人未竟事業的備忘錄，也是個工作表：有人認爲紀念二二八是要台灣人走出二二八的陰影，要重建心靈的健康；有人則藉此勉勵台灣人將這苦難轉化爲台灣的精神和力量；也有人強調紀念二二八目的是要避免歷史悲劇的重演，要用愛、包容、寬容的方式來紀念。

　　由於「二二八平反運動」是「二二八」這個日子成爲國家紀念日的動力，本節就以回顧「平反運動」爲出發點，來探討「二二八」的意義。我們都知道中國國民黨政權是二二八大屠殺的禍源，又是事件中的加害者，在其統治之下，多年嚴禁人民談論和了解二二八事件。在這情形下要平反「二二八」，向加害者討回公道，不僅有如登天之難，更有如身入虎穴般的危險。儘管如此，於80年代鄭南榕、李勝雄與陳永興等人就在這恐怖氣氛下，冒著生命危險，發起「二二八平反運動」，引起許多同樣有勇氣的人一同參與、響應。他們舉行見證會、紀念會，又舉辦遊行以喚起大眾的關懷。此外，並尋找、訪問受難者，出版

口述歷史等等，提供世人許多寶貴的歷史資料。這些人有先知之明，了解若要重建台灣人的心靈，非把這歷史事件的眞相公諸於世不可。[70]

　　一般而言，平反運動本是相當單純的作業，首先挖掘事實眞相並將之公諸於世，令人了解誰是加害者與受害者；再者，應懲罰加害者，並給予受害者賠償或補償；如牽涉到個人間的關係，加害者也應該向受害者道歉，受害者則接受道歉；從此兩者各自建立新生，或甚而重新建立關係。但「二二八平反運動」是在加害者統治下，了解眞相爲禁忌的情況下進行，是弱者（受害者）向強者（加害者）要求平反的訴求。因此，平反運動在主張上不得不把事件的意義和加害者的角色淡化：把事件的性質解釋爲「族群鬥爭」，而以促進族群「和平」爲訴求。如此，平反運動承擔了不應有的重擔，它得強調無法保證的「和平」（弱者和強者間的和平其實是操在強者手中），因此得把平反運動的內容侷限在台灣人的悲情和「還我清白」兩方面。

第一節　悲情二二八

　　台灣人的二二八悲情是國民黨中國政權所鑄造的，他們所屠殺的台灣民眾可分爲幾類，最引人注意的是當時的

70　二二八和平日促進會，《走出二二八的陰影》（CA：台灣出版社，1988）。

社會精英，[71]這些精英在日治時代於學術、經濟、社會或政治上是有相當成就的人士，有的在台灣本土向日本政府爭取台人權利，有的推行台灣漢文化或爭取台灣自治的工作，也有的則逃到中國加入共產黨或國民黨的抗日行動。不管是到中國的或留在台灣本土的這些精英，都具有相當強烈的中國情結。因此，二戰後中國以同盟國聯軍的身份進佔台灣時，出錢、出力歡迎「國軍」，向台人標榜「回歸祖國懷抱」的就是這些人；組織又參與「南京致敬團」、主導和鼓舞台灣民眾參與「三民主義青年團」，鼓勵台灣人研讀「三民主義」，熱心學習「國語」的也是這些人；當歡迎「國軍」的學生與民眾驚訝於行為狼狽的中國兵時，以「綁腿包鉛塊和雨傘當降落傘」之類的解釋來欺騙自己和同胞的也是這些精英中的人士。遭受屠殺的另有日治時代留下的官吏、警察、教員等等公職人員，這些人不僅在政權轉換時期，也就是在二二八事件發生的當時，仍依舊堅守崗位執行公務，他們意料不到這些行為在中國眼中是「效勞敵人」的叛亂行為，因此才有自認沒做錯，不聽勸逃而遭到殺害的慘事。第三類則是一般市民，有被中國軍的砲彈打死、有的在過街或在耕作時受到中國軍濫殺，也有在家中被侵入民宅搶劫姦淫的中國兵殺害的。

　　這些人從來沒有反抗或推翻中國統治的念頭，他們被

71　李筱峰，《二二八消失的台灣精英》（台北：自立晚報社，1990）。

殺害的「罪狀」包括身為台灣人中的精英，是堅守崗位的公務人員，是不能想像中國兵會濫殺「同胞」的「呆胞」，他們頂多參與「二二八處理委員會」，期待增進台灣人的地位。這些人被一視同仁地殺害後，其家庭、生活受到嚴重的破壞，親友迴避，子女喪失發展前途，家屬被國民黨政權當成危險人物監視多年。無緣無故遭受這種遭遇，又無處伸冤，其悲情和怨恨的暗流持續了近四十年。

當平反運動開始時，國民黨政權的反應是相當典型的。它以情治單位阻擾、威脅平反運動的演講會和遊行。其御用媒體極力淡化、扭曲與合理化它的惡行，污衊平反運動引起族群對立（矮化為族群鬥爭），教訓台灣人應向前看不應向後看（令受難者再次產生罪惡感），或者解釋中國歷史上類似的事件層出不窮，台灣人大驚小怪。國民黨政府再三拖延，不開放資料，讓人民了解二二八事件的真相。政府機關干涉設置紀念碑的地點和紀念碑文，一時造成「有碑無文」的笑話。

雖然如此，二二八平反運動仍有相當的成就。1995年中華民國總統李登輝率領眾官員，出面向受難者家屬道歉，並設立二二八和平紀念碑。1997年在中華民國體制下，將每年的2月28日這天定為國定假日——二二八和平紀念日，又通過受害者的賠償條例。可是，出面道歉的是出身台灣人的總統，令人覺得是受難者向自己道歉，用自己繳納的稅金賠償自己，也令人覺得不太對勁。至於罪魁禍首的劊子手們，死的死，沒死的則一聲不吭地繼續享受榮

華富貴，有的更自稱「有功於國家」而毫無歉意，也令人感到沒有公平正義的存在。即使是今日，情治單位仍然不完全公開檔案，也有地方政府仍企圖扭曲二二八事件的眞相，紀念碑文的內容與其說是眞相的描述，倒不如說是和國民黨政權的妥協。這些「平反」的現象不可能令人感到滿意。在這種現實下，所謂「愛和寬恕」的對象是誰？是不悔過或已死亡的劊子手？是阻擾將事實公諸於世的人？如果對眞相不清楚、要依據什麼「原諒」他人？不對過去的史實了解眞相，如何能往前看，避免歷史的重演？如何化悲情爲力量？

他人加諸不公不義於己身，以致心理、生理和物質上受到暫時或永遠的傷害，令人對傷害感到痛苦，欲求恢復原狀；另一方面又令受害者感到憤怒，指責加害者行爲的不是（其行爲違背我們的期待），因而要向對方討回公道，要求對方恢復損傷或補償不可恢復的創傷；再不然就訴諸復仇，復仇雖然於事無補，但受害者以加諸類似的創傷於對方，而從對方的痛苦中得到變相的補償快感。然而文明化的社會，尤其是現代社會，不希望私人間進行復仇，而以法律來執行懲罰和補償的工作。可是賠償與懲罰雖有補償作用，但並不能完全恢復原狀，更不能保證完全治癒心理的苦痛。尤其是加害者已死亡、逃之夭夭或勢力強大而不能繩之於法的情形下，悲情和怨恨更是難消，它可引起心理不平衡，扭曲人際關係或人生觀。我們都知道，這種不能祛除不公的困境跟人類社會有一樣長久的歷史，因此

含冤或含恨而死的不知有多少。幸好，古時人類就有「原諒」、「寬恕」或「赦免」的觀念，提供受害者一個管道，令受害者擺脫受創後的不平衡心態，重新尋找平衡和圓滿。

「原諒」通常是受害者和加害者兩者間的交易（transaction），加害者表示懺悔向受害者道歉，受害者原諒加害者、取消加害者的責任，加害者接受原諒，而後各奔前程，建立新生，或兩者嘗試建立新的關係。在日常生活中，人們運用多種不同的標準來「原諒」，可能用加害者「年幼、年老、不識好歹」爲由，或以「一時衝動，但平時無敵意」爲由，或以「姻親關係」爲由；再者，以加害者有「坎坷的背景」等不盡其數的理由來解脫其惡行，來「原諒」加害者。這些理由令受害者對加害者取消行爲的期待和要求，因而降低或取消加害者的「惡意」程度。沒有期待、沒有要求就沒有失望或受到虧欠的怨恨，其最後的結果則是受害者放棄追討加害者所虧欠的責任，斷絕和加害者「受害者——加害者」的關聯而擺脫受害者的身份。在關係的重整下，受害者接受「損傷的自我」，並以之爲出發點，開始新生。但「原諒」並沒取消或忘記加害者加諸傷害的事實，「原諒」以後傷害的疼痛並不會就此消失，所放棄的是加害者「故意」加害的苦痛和追討加害者所虧欠的責任。「原諒」也不表示加害者因此不會再犯，或自己不會再受到傷害。「原諒」更不是表示受害者鬆懈自衛的警覺，當然也不是受害者迷信於沒有保證會兌

現的「期待」。在心理治療學上，一般認為「原諒」是受害者重建新生的必要步驟，它所改變的是自己的內在過程。這在加害者已死亡或不認錯，受害者無法平反的情形下將顯得更有意義。

既然二二八事件的悲情是台灣人的集體記憶，要「原諒」就必須先面對創傷，並清楚地了解加害者。台灣人在紀念二二八事件時，回憶了當初陳儀和「二二八處理委員會」的敷衍，當蔣介石派的援兵一到就展開大屠殺；嘉義的羅營長也在援兵一到，就捕殺受邀進行談判的人士，高雄的彭孟緝更當場槍殺前往談判的高市代表；也回憶中國兵（中國政權）如何殘殺台人，有位青年陳炳欽腳被釘於木板後遭槍殺，有割除青年耳鼻、生殖器後殺害的虐待性行為，也有將被捕的青年以鐵線貫穿手腳後集體活埋或填海的殘忍作為，還有逮捕後用亂刀刺死，用汽油點火燒死（王添灯），或將男女中學生集體從樓上丟下活活摔死，或不分青紅皂白地在高雄火車站集體射殺旅客等以殺人為快的行為，這些殘忍行為遍佈全島皆有之。

台灣人的悲情來自──無法想像中國兵會做出大規模、如此不人道的行為。二二八事件發生之時，在全台各地都有打「阿山」的事件發生，但也有不少台人掩護「阿山」。「阿山」平民和投降的軍人也沒受到台灣人的虐待。台灣人以自己的行為準則來期待和衡量中國政府和官兵，不料最後卻見到中國政府如此對待台灣人的行為，才會有悲情的情緒。對中國來接管台灣的惡劣行為不生警

覺，相信「祖國」的蔣介石心懷仁慈，不會出兵鎮壓，這種期待的心情遭受背叛，更增加另一層的悲情。

執行屠殺行動的是中國兵，他們受到上級指示或縱容。下令大規模地捕殺台灣精英的則是中國高階官僚，派兵又指示鎮壓的正是中國政權領袖蔣介石。到底那些人該負責？每個人應分攤多少責任？手染鮮血的劊子手大多已死亡，原諒死人是否有意義？喪失政權後的國民黨和當時的事件有無直接關係？今天阻礙資料公開，企圖扭曲史實的也不見得是當年的劊子手，有必要原諒他們嗎？如果他們不認錯、不接受原諒，那又該怎麼辦？

口述歷史中有到過中國的見證人，曾目擊中國人對自己國人極其殘忍無道的行為，由此可見他們對台灣人的惡行，並不是登陸台灣後才發明的。其實，台灣人所遭遇的是中國幾千年的殘忍行為，是他們對付自己同胞的殘忍習性。台灣人只要回顧在學校所讀的中國歷史，即可得知中國除了幾千年的輝煌歷史外，也有等長時間的殘忍歷史：今日中國人引以為榮的龐大建築物——「萬里長城」，就建立在千百萬奴工的屍體上；在中國歷代誅九族的傳統下，無辜喪生的中國男女老幼數之不盡。雖然如此，中國人並沒有從他們的歷史之中得到教訓，而學會善待自己的同胞，最近幾十年的中國近代史仍充滿著殘忍行為的一貫性。在文化大革命、紅衛兵時期，中國人受自己親友、鄰人、工作同事虐待或殘殺的不計其數，甚而有被同村人烹煮食用的不幸事件。1989年中國在世界關注下，於天安門

公然殘殺手無寸鐵的中國學生，事後中國統治者否認有屠殺事件的發生，世人一再聽聞的是民運人士被捕或逃亡的消息，並沒聽說為屠殺案發生負責的官員或軍官受到法律制裁的消息，再次證明殘殺同胞是中國人的一個習慣。既然，中國的歷史證明中國人不能善待自己的同胞，台灣人怎能期待或要求他們對台灣人特別地友善？

只要對中國人的行為有這些認知，就可看出殘殺台灣人的中國兵、軍官、將官、甚至蔣介石，都是這些行為的構成要素（component），他們個人是中國歷史行為的「貢獻者」，其中當然也有許多人亦是這集體行為的受害者。有這番的了解後，台灣人便可放棄對他們個人行為的期待和要求，也可放棄追討他們所虧欠的責任，就如此「原諒」他們，終止和中國人之間「受害者──加害者」的關係。

反觀台灣，它在歷史上缺乏有規模的政治機構，也沒有發生過機構性（institutional）的殘忍行為。台灣人能原諒中國人的殘暴行為，放棄追討他們所虧欠的責任，因此台灣人可望杜絕虐待同胞和他人的可能。放棄對中國的期待和要求，台灣人就不必再等待敵對的中國會有「善意」的回報，而能以眼前中國的行為作為指標，來思考對應的方法。紀念二二八事件旨在提醒台灣人先人身為被統治者的善意惹來殺身之禍的事實，也希望提醒台灣人，不要再犯同樣的錯誤，將自己國家的前途寄望在他人的「善意」上。

以同樣的認知，也能諒解滯台中國人的心態，他們對其祖國的行為不以為恥，反而認為台灣人大驚小怪。中國自相殘殺的歷史是他們生活歷史的集體記憶，就像出身受虐環境的人往往覺得虐待是日常生活不可缺少的一部份，而不能對其他受虐者的苦難產生共鳴。若能如此地了解他們，將來他們就會捨棄這種中國歷史的包袱，相信傳統的殘殺是非道德、也不必要的，甚而選擇當台灣的國民。

第二節　獨立革命二二八

二二八事件另有「平反運動」不能提及、又不能刻進「二二八紀念碑文」的意義，這是要以慶祝的心情來紀念的另一個意義。早期的台灣歷史學家（史明、林啟旭）認為二二八事件是台灣人在中國統治下，第一件大規模台人治台的運動。都市貧民首先發難起義，但缺乏統一的組織與指揮，又沒高度的政治意識和路線，因此青年學生、知識份子參加後不會動員大眾；領導階級受中國漢族思想的麻醉，缺乏台灣民族意識；不但敵我不分（無法區分台奸和投機份子，誤信談判可解決問題，也認定蔣介石不會派兵）；更沒有政治經驗，不知如何對付中國統治者。近代的歷史學家也持同樣的觀點，李筱峰認為它是低文化水平社會統治高文化水平社會所引起的，[72]王建生等認為它是台灣人有史以來規

72　李筱峰，《解讀二二八》（台北：玉山社，1998）。

模最大一次的革命。[73]

　　在事件中被中國兵殺死或被國民黨政權捕殺的，實際有多少人並不清楚，[74]犧牲者的數目更是無人可知。許多人一出門就沒再回家，相信不是戰死就是被捕殺，他們的心聲如何也無從得知。幸好在口述歷史中有生還者的訪問錄，這些人供給的資料再次印證社會上口耳相傳中二二八事件的另一面。

◎一般台灣人不具備知識份子濃厚的中國情結，但具有濃厚的台灣同胞愛和奉獻的意願，更明確地認知台灣人被統治的地位

　　本文以下就以林有財這位二二八事件的生還者的故事，來敘述參與當時的動機和心境。林有財出身嘉義縣山區的奮起湖（畚箕湖），當地在二次大戰結束時只能依靠阿里山鐵路與外界聯絡。林有財畢業於日治時代公學校，在日治時代末期他在本島當過日軍。[75]

　　他說二二八當時，奮起湖國民學校校長林徹鼓吹村人參與。根據他的描述，林徹當時相當激動，他眼淚鼻涕直流地說：「台灣人現在不跟他們拚不行了！」林有財及其他三十多個同村年輕人大受感動，決定出去嘉義要跟「他

73　《1947台灣二二八革命》（台北：前衛出版社，1990），頁263-268。
74　楊碧川，《二二八探索》（台北：克寧出版社，1995），頁119-120。
75　張炎憲等，《諸羅山城二二八》，台北：財團法人吳三連台灣史料基金會，1995，頁201-219。

們」拚。不僅如此，當地人也相當熱烈支持他們的行動。
鐵路站長、火車司機安排了特別班車送他們到嘉義，所謂
特別班車指的是載貨無頂的簡陋平台車。他們並不計較這
些，畢竟他們的目的是要到嘉義去解救同胞的。在同班車
他們又會合湯守仁爲首的鄒族原住民群眾，同車到嘉義解
救同胞跟「他們」拚。

他和同村人參與的動機是「…聽到同胞吃很大苦頭，
心裡只有一個念頭，就是趕快下山救同胞」。顯然他們清
楚認知誰是同胞，更知道誰是欺負台灣同胞的「他們」；
換句話說，有相當清楚的敵我觀念。令人感動的是，他們
有強烈的同胞愛和不計較代價奉獻的熱忱。從下山的人數
和全村的熱烈反應，可看出這種感受在當時是相當普遍
的。

其他生還者的見證也道出同樣的心聲。李江海（雲林
縣）當日軍時，是在琉球和登陸的美軍激戰的生還者，在
二二八事件中，他聽到嘉義廣播台播放著：「某某部隊第
某期的志願兵某某人，趕快來，我們的戰友快死光了。」
他便在袍澤愛和同胞愛的呼喚下自動加入起義的行列，絲
毫沒顧慮到要好好保護在美軍砲彈猛炸下，撿回來的一條
命。朱漢作（雲林縣）二次大戰時在菲律賓戰場出生入死，
二二八發生時聽到收音機廣播：「台北發生亂事，中國兵
仔要打台灣人。」又見到外面有人一邊敲鑼一邊喊：「少
年家仔，海外做兵回來的，要出來拚。」他便不顧慮自己
的安危就參與了。另外，當過日軍但沒實際戰鬥經驗的葉

金生也一樣，他只聽到許多人說：「爲了咱台灣人我要參加」，他自己便一同加入了。

這種對台灣和同胞的愛心，並不是當過日軍的台灣青年的專利。當時嘉義中學的學生只拿了竹竿和木棍，就去攻擊紅毛埤火藥庫，飛機場、警察局等地，都是當時自動自發地要與「他們」拚的高潮。就是當中國援軍到達嘉義，許多人開始膽怯、退縮時，仍有許多武裝青年集合準備入山和中國兵拚，許壬辰（北港人）就是其中參與的一個年輕人，他的家人對當時的情形做了如下的描述，許氏在家等候同志，一聽到卡車聲由遠而近地接近住家，他大聲向家人說：「（他們）來了！」就碰碰快步地跑下樓加入陣營，和約莫一百個青年入山了（他在梅山戰死）。當時台灣青年的可愛和活力，爲同胞奮鬥而毫無猶疑的心境，透過這短短的幾句話生動地描寫出來。又宛如在配合這幅令人感動的圖畫似地，許壬辰之兄當時也站在北港廟前大聲呼籲：「有錢的人出錢，有力的人出力。」

其他更多的年輕人一離家後就沒再回來了，有的被中國兵在手腳上穿上鐵絲，丟入海中而捐軀，有的在戰場上戰死，也有的被集體殺害滅屍。他們生前沒留下任何遺言，死後更無法對後人交代他們的心境，但從上述生還者的見證，我們可想像犧牲者的心境是完全一樣的。

這種全島皆有、自發性的，不惜犧牲生命奉獻同胞愛的精神，在二二八事件以後就再也沒大規模地出現了，生還者將當年的奉獻熱情解釋爲當時價值觀的影響，他們近

乎自我解嘲地認為，那是「日本精神」太重的關係。換句話說，要是沒有「日本精神」的話，他們就不會那麼踴躍地挺身而出，為台灣拚命。

◎雖有台灣同胞愛、敵我觀念和鬥志，但沒有建國觀念

從這些年輕人攻擊的對象——政府機關、軍事基地——是中國統治者的統治工具，就知所指的「他們」是中國統治者。這些年輕人雖有滿腔為台灣人與「他們」拚的鬥志，卻沒有和「他們」拚的目標，由此可以看出，二次大戰後的這些年輕人顯然缺乏政治意識。出身於奮起湖的林有財說：「沒有人考慮到到底會輸會贏，贏了要如何？輸了要如何？我們都不去想。我們沒有要促成台灣獨立的想法。」陳增雄（日軍）當時也沒想到台灣獨立的課題，其他生還者的想法也的確是如此，這些人具有「我們」台灣人被「他們」中國人欺負的認知，又有出來跟「他們」拚的意志，但卻沒有建國的思想。

就是聞名的台中二七部隊隊長鍾逸人的心路歷程也極其類似。[76]鍾逸人在終戰時是日軍囑託，但他在學生時代就和許多知識份子一樣，有很重的中國情結，到日本讀東京外語學校時，便曾因中國思想而入日本的巢鴨監獄。因此，可以了解日本投降時他為何那麼興奮。1945年8月15日，他聽到日本投降的消息後，迫不及待地向一個福州

---

76 鍾逸人，《辛酸六十年》，自由時代出版社，1988，頁341-585。

人以50元日幣買下中華民國國旗掛在自家門口。從那時開始，他也和許多知識份子一樣，積極參與「三民主義建設台灣模範省」的事業，他任職三青團、樂野國校校長與和平日報分社長等職。但是，他所見、所經歷的都離不開中國政府的腐敗和其魚肉台灣人的行徑，連他自己也被捕兩次。儘管如此，他並沒因此而有台灣獨立或自治的念頭。

根據他自己的記載，於1947年3月1日，聽到台北發生二二八事件的消息後，他便十分關注這個事件，他到處奔走打聽消息，又和台中的地方大老商討應變之議。他們決定隔日召開市民大會聽取市民反應，以要求中國當局改進。他自動去印發傳單，鼓勵市民參加，更不眠不休地到農學院，到中商鼓舞學生參加，到隔日（1947年3月2日）清晨才回家。是日參加市民大會後，他在卡車上向群眾演講：「希望他們准許台灣能如愛爾蘭之於英國的自治」。這是他在書中第一次提及「自治」的政治思想，可以想像那是受二二八事件刺激而本能地產生的政治思想。後來，從外地前來響應的各地小部隊也有命名為台灣自治聯軍、台灣自治青年同盟之類的團體，可見二二八事件的確觸發台灣人自治的念頭，又表示在台灣人的心目中，中國政府和軍隊實際上是外來的勢力，而不是所謂的「祖國」。

鍾逸人和台中地方大老擔心鼠輩趁機打劫，並避免遭受陳儀部隊的反撲，於3月4日決定成立武裝部隊保衛家鄉。「民主自衛隊」成立時，吳振武勉強接受隊長頭銜，鍾為參謀。不料吳振武逃脫，因此就在3月4日下午鍾逸人

被同志推爲隊長，並改名爲二七部隊（以紀念二二八事件發生
的實際日子）。爾後，他到處招兵買馬，民軍所經之處，民
眾夾道歡迎高呼「萬歲」，顯示民眾的共鳴和肯定。

◎無寄託的熱情迅速冷卻

　　林有財等人到達嘉義後沒有武器，無所事事，頂多只
能巡視市街。當被指揮部派去支援攻打紅毛埤火藥庫時，
雖沒武器，他們仍然前去。後又被指派去支援圍攻水上機
場，這時理智佔了上風，因沒武器他們拒絕前往。在林有
財的回顧中，並沒提及當時領導人物是否曾向屬下宣揚武
裝抗爭的目標爲何。沒有目標與工具，抗爭的熱情很快就
冷卻下來，不久他與同村人回到了山上。其他的參與者也
有類似的反應，李江海雖沒武器仍參與攻打紅毛埤，失敗
後認清沒武器做不了什麼，就拒絕再出去了。[77]葉金生拿
著削尖的竹子參加圍攻虎尾機場，趴在地上挨機場兵仔射
擊了一陣子後，認爲那不是辦法就回家了。[78]朱漢作參與
圍攻虎尾機場，在中國守軍逃走後無所事事也回古坑了。
後來聽說國民政府要抓海外回來的，他和十幾個青年到山
裡走避，受邀而加入謝雪紅和陳篡地要和國民黨軍對抗。
他這時仍蠻有鬥志，他說「在海外那麼劇烈的戰事都沒有
戰死，再去和兵仔拚吧，怕什麼！」但他入樟湖一週後發
現別的隊伍連吃飯都沒規矩，並沒有團結一致與「兵仔」

77　財團法人吳三連台灣史料基金會，《嘉雲平野二二八》，頁109-117。
78　財團法人吳三連台灣史料基金會，《嘉雲平野二二八》，頁146。

抵抗的決心，頓時熱情消失，和國府軍做過接觸戰後也就離隊回鄉了。[79]這些人從頭到尾都沒聽到領導人物提及獨立或自治的政治目標。

二七部隊的命運又如何呢？鍾逸人估計民軍人數最多時有三四千人，事實是否如此並不清楚。1947年3月9日，當國府援軍到時，先前民眾歡呼萬歲的熱情與喜悅、轉瞬間就被恐懼取代。台中的二二八處理委員會會員溜得一個不剩，地方大老更要求鍾逸人就地解散民軍或撤離台中，根本沒人提及任何政治理念或目標。鍾氏終於把部隊撤退到埔里，此時不僅不再有夾道歡呼的民眾，更有反對他的地方人士，最後他不得不聽從同志的勸告而於3月18日開始逃亡。書中他沒對三四千人部隊如何瓦解有所交代，但依然可猜測出，沒有政治目標和組織，又失去民眾支持後，「與他們拚」的熱情因無所寄託而快速冷卻，各地來的小部隊就自行脫隊回鄉去了。

鍾逸人回憶錄中提及謝雪紅曾兩次建議，要組織「人民政府」，實施戒嚴，接收糧食及地方機關，不過鍾氏知道當時台灣人恐共，「人民政府」不能得到民心，因此沒理會她。但他也沒從謝氏的建議得到靈感，組織政府才是政治理念的具體化，也才是起義生根的途徑。

79　財團法人吳三連台灣史料基金會，《嘉雲平野二二八》，頁137-143。

◎從奉獻的熱情到受辜負的感受

如此一個缺乏政治理念和組織的起義失敗後，剩下來的就只有當時感情高漲的空洞記憶，被騙的感覺就如此很自然地產生。林有財比喻二二八事件是「瘋狗咬豬」，認為參與的人是被騙的，但他卻不知被誰欺騙。其他的生還者也同樣有被騙的感覺，有的認為是被騙才會失敗，蔡景耀（朴子人）說「…實在很冤枉，我們這邊應該可以勝利，結果卻被騙而失敗」。[80]

◎藏在「不甘心」中的台獨思想──延後甦醒的台獨意識

林有財並沒有「回歸祖國懷抱」的妄想，幾十年後他受訪時，回顧道：「…台灣人替清朝還日本的債，又替日本還二次大戰戰敗的債。」他今天這麼「台灣本位」的思想和當時下山為台灣人拚的「台灣人認同」是一樣的，唯一的不同是，他把幾十年前「為台灣人拚」模糊的政治直覺，轉化成今天成熟的政治理想。現在，他認為二二八事件是爭取台灣獨立的武裝起義，他說「戰後獨立組織不健全，力量不夠，而利用林江邁事件起來反抗（意味倉促起事不會成功，讓台灣人民的熱忱白白地枉費）」。抱有這大業未成的遺憾，他不甘心地說當時「應該要贏的」。

但他思想裡所受的時代傷痕也很明顯。失敗的無力感令他接受命運的安排，替現實打圓場，而自我矛盾地說：

80　財團法人吳三連台灣史料基金會，《嘉雲平野二二八》，頁331。

「…這（二二八事件）也不全是國民黨的錯，也不是台灣人的錯，完全是過渡時期一定會產生的情況。」「…只要求國民黨政權愛護台灣、了解台灣…」。

其他生還者也和林有財一樣，在幾十年後受訪時認為二二八事件是台灣獨立的起義，是「我們對他們」的鬥爭，而不是沒目標的盲動。「台灣獨立」的思想顯然是在以後凝聚而明朗化的，李江海四十幾年後受訪時認為「當時沒有武器又沒有指揮，台灣人才會輸」，他更表示要是二二八事件再次發生，即使拿不動機槍，他「也會想辦法和國民黨軍隊拚一拚」。當然，這些豪語沒有兌現的可能，不過顯示他受訪的當時，還在執政的國民黨政府在他眼中仍然是外來政權，因此他會認為台灣還沒獨立。朱漢作的看法也幾乎相同，他認為二二八事件因為沒有健全的組織，大家也沒決心抵抗，否則台灣人不會輸。那些在刑場從容就義的青年，最後高呼「台灣人萬歲」的一刹那，不就把他們奉獻的對象和政治理念顯示出來嗎！[81]至於那些戰死，以及被捕後遭受集體殺害的年輕人，雖然沒有機會道出他們的心聲，但是我們可從生還者的敘述輕易地想像出，他們生前懷抱有和生還者完全相同的奉獻心和政治理念。

當台灣人能慶祝「獨立革命二二八」的意義時，就顯

81　施明雄，〈「高雄火車站一甲子」—二二八事件，高雄站曾是大屠場〉，《自由時報》，2002年5月16日。

示台灣人已走出二二八事件的陰影。在紀念二二八事件這個台灣人的「集體記憶」（collective memory）時，台灣人可慶祝台灣曾有這些不計較得失、挺身爲台灣奉獻的台灣青年，又可慶祝台灣人的獨立思想從他們的行動中表達出來。紀念二二八事件時，悲哀台灣青年英年早逝，但又該慶祝台灣人的獨立意識是從他們流血喪命的慘痛經驗中成熟的。紀念二二八事件，保存這些「集體記憶」，警惕台灣人不要再經過另一段「歷史悲劇的重演」，才能再次重新發現自我認同（identity）。當台灣人能同時紀念「悲情的二二八」和「獨立革命的二二八」，又能把這「集體記憶」的「整體」（totality）刻在紀念碑上時，就顯示台灣人已完成健康心靈的重建。有健康的心靈，台灣人就能大膽地以未來的角度看待二二八事件，並以這「集體記憶」爲引導，大步往前走。

國家圖書館出版品預行編目資料

台灣人症頭：受虐性格的心理分析 / 林毅夫著.
-- 再版. -- 台北市：前衛, 2010.03
240面；15×21公分

ISBN 978-957-801-639-2(平裝)

1. 民族性　　　　　2.被虐性格
3. 二二八事件　　　4.台灣

535.733　　　　　　　　　　99002691

台灣人症頭
──受虐性格的心理分析

著　　　者　　林毅夫
責任編輯　　廖爲民
美術編輯　　方野創意
出 版 者　　台灣本鋪：前衛出版社
　　　　　　10468 台北市中山區農安街153號4樓之3
　　　　　　Tel：02-2586-5708　Fax：02-2586-3758
　　　　　　郵撥帳號：05625551
　　　　　　e-mail：a4791@ms15.hinet.net
　　　　　　http://www.avanguard.com.tw
　　　　　　日本本鋪：黃文雄事務所
　　　　　　e-mail：humiozimu@hotmail.com
　　　　　　〒160-0008 日本東京都新宿區三榮町9番地
　　　　　　Tel：03-33564717　Fax：03-33554186
出版總監　　林文欽　　黃文雄
法律顧問　　南國春秋法律事務所林峰正律師
總 經 銷　　紅螞蟻圖書有限公司
　　　　　　台北市內湖舊宗路二段121巷28、32號4樓
　　　　　　Tel：02-2795-3656　Fax：02-2795-4100
出版日期　　2010年3月初版一刷

定　　　價　　新台幣240元